김수환
추기경
의
친전

"누구라도 그대가 되어 받아주세요"

— 김 추기경의 애송시 '가을 편지' 한 구절

목 차

서(序) · 9

추천사 · 11

프롤로그_ 마지막 1년 못 다한 말 · 13

1장

희망 없는 곳에도 희망이 있습니다

사랑의 몰입 · 23
마이클 잭슨에게서 배우다 · 27
젊은이들을 짝사랑 한다 · 33
소녀에게 준 카드 글귀 · 37
인정이 무척 그리워 · 41
지금 괴로운 나날을 보내고 있는 누군가에게 · 45
벼랑에 선 사람들의 반격 · 49
젊으나 늙으나 갖는 것 · 53
생명의 역사는 부활의 역사다 · 59
윷놀이나 합시다 · 63
심장의 명령을 따라 · 67

2장

스스로 생각하는 것보다 훨씬 소중한 그대여

하나하나의 이름으로 부르고픈 친구들이여 · 73
나는 행복합니다 · 79
돌멩이에게도 의미가 있다 · 83
슬픈 시대 젊은이를 위한 변론 · 87
나는 누구이며 무엇인가? · 91
묻지 말고 응답하라 · 95
스스로 생각하는 것보다 위대하다 · 99
냉장고 문을 열고 나오라 · 103
매일 5분씩이라도 · 109

3장

청춘이 민족입니다

청춘이 시들면 민족이 시든다 · 115
나는 황국신민이 아님 · 119
혁명가가 되고 싶었습니다 · 123
흠모한 사람이 있다 · 127
정치가는 목자가 되어야 한다 · 131
권력이 필부의 마음속 의지를 빼앗지 못한다 · 135

고름 짜기 · 139
1등 국가가 되려면 · 143
"너 죽고 나 죽자"는 공멸의식을 버려야 · 149
반드시 이루어진다 · 153
여기가 낙원입니다 · 157
진정 통일을 원합니까? · 163
진리는 평이하다 · 167
매스미디어에게 말한다 · 171
두 개의 저울 · 175
리더의 조건 · 179

4장

상처 입은 치유자

상처 입은 치유자가 되다 · 185
나는 고독했다 · 189
도망치고 싶었다 · 195
30년 고질병 불면증 · 199
나는 질투한다 · 203
나의 자성 · 207
바보야 · 215
나는 두 가지 말을 잘 합니다 · 221
나는 죄인입니다 · 225
애송시 '서시'를 차마 읊을 수 없다 · 229

5장
내 기쁨을 그대와 나누고 싶습니다

은퇴 후 일탈 · 235

진리의 기쁨 · 239

정의의 기쁨 · 249

사랑의 기쁨 · 257

시종일관 세 가지 · 267

인도하소서 · 273

에필로그_ 추신을 대신하여 · 279

엮은이의 말 · 283

러브레터 · 291

참고 문헌 · 296

어린이와 산책 중(2006. 11. 25.)

서(序)

 "애송시 한편 읊어주시죠."

기자의 질문에, 문학 소년처럼 보들레르 시를 줄줄 욀 줄 알던 김 추기경이 마지막을 예감하고 읊었던 시는 의외였다.[1]

"가을엔 편지를 하겠어요
누구라도 그대가 되어 받아주세요
낙엽이 쌓이는 날
외로운 여자가 아름다워요……."[2]

이래저래 망연자실하고 있는 오늘 우리에게 김 추기경은 약속처럼 편지로 날아왔다.

그의 육성을 '친전'으로 엮어 전하게 됨을 나는 기쁘게 여긴다.

오늘 우리는 큰 어른의 부재를 매우 뼈저리게 절감하고 있다. 그 빈자리가 퍽 썰렁하다. 개인적으로도 사회적으로도 민족적으로도 권위 있는 참 가르침이 절실하건만, 함량 미달의 훈수들만 난무하고 있다.

이 '친전'이, 큰 어른의 품과 깊이로, 길을 헤매는 21세기 우리 모두에게 등불이 되어 주리라 기대한다.
부드러운 음성으로 나갈 길을 일러 주고, 사랑의 터치로 위로와 치유를 주는 김 추기경의 '친전' 메시지는 수신인을 찾는다.

"누구라도 그대가 되어 받아 주세요."

이 글을 읽는 당신이 바로 김 추기경 사랑편지의 '그대'다.

엮은이

※이 책에 인용된 김 추기경의 글들은 육필원고의 표현을 살리기 위해 가급적 교정·교열 작업을 피했음을 밝힌다.

추천사

"고맙습니다. 사랑합니다."

김수환 추기경님은 이 말씀을 끝으로 우리 곁을 떠나 하느님 나라로 가셨지만 그분의 존재는 변함없는 큰 울림으로 우리와 함께 계십니다.

김수환 추기경께서는 노환의 고통 속에서도 마지막 순간까지 미소와 인간미를 잃지 않으셨습니다. 김 추기경님은 한 사제이기 이전에 따뜻하고 여린 마음을 지닌 한 인간이었습니다.

김 추기경께서는 기회가 될 때마다 "진실된 마음으로 상대를 대하고 남을 존중하고 위할 줄 아는, 참으로 인간다운 인간이 먼저 되어야 한다"고 강조하셨습니다.

『김수환 추기경의 친전』을 통해 김 추기경님을 통해 하느님께서 보여주신 사랑과 평화의 메시지를 더 가까이 접하고, 새로운 희망을 발견할 수 있으리라 기대합니다. 차동엽 신부님의 노고에 감사와 격려를 드립니다.

정진석 추기경

프롤로그

마지막 1년
못 다한 말

2008년 10월 3일.

사경을 헤매던 추기경이 극적으로 의식을 되찾았다.

'임종 아닌 임종'을 지켜보던 측근들과 의료진이 놀란 가슴을 쓸어안으며 안도의 숨을 내쉬는 찰나, 추기경은 당신 특유의 바보 미소로 한마디 했다.

"짠, 내가 다시 살아났어요!"

어색한 분위기를 무마하려는 속 깊은 썰렁 유머였다.

그날, 지난 1년간 매주 한 번씩 추기경의 곁을 꼬박 지키며 말동무가 되어왔던 신치구 퇴역 장군과 조카사위 김호권 박사의 정신이 번쩍 들었다.

"다시 살아나셨으니 망정이지 이제 만일 영영 못 깨어나는 일이 발생한다면, 추기경님의 유지는 누가 받들지? 어떻게 해서든 그런 낭패는 피해야 할 것 아닌가."
서로 얼굴만 바라보며 안타까워할 뿐이었다.

신 장군은 김 추기경의 거동이 불편하여지자 매주 수요일마다 문병하며 말벗도 되어주고 휠체어 외출도 돕고 있었다. 그러기를 약 1년 후 김 박사가 주말 간병을 하며 합세하였다. 거기에는 사연이 있었다.
한번은 추기경이 밤에 홀로 화장실에 가다가 크게 낙상하였다. 당장 비서 신부와 수녀가 밤 근무까지 하는 것은 무리이므로 '간병인'을 둬야 한다는 중론이 모아졌다. 하지만 평소 당신 자신을 위해서는 어떤 특혜도 원치 않았던 추기경은 극구 사양했다. 오랜 실랑이 끝에 중재안으로 나온 것이 평소 추기경이 편히 여겨왔던 김 박사가 매주 한 번씩이라도 주말 간병을 맡는 것이었다.

이렇게 함께 곁을 지킨 지 얼마 지나지 않아, 그들은 추기경이 아무도 모르는 고통을 겪고 있음을 알게 되었다. 그의 가슴은 고통으로 멍들어 있었다.

"내 가슴은 늘 세상의 아픔으로 멍들어야 한다.

멍이 꽃이 될 리 없다.

그러나 진정한 사랑으로 나는 늘 세상의 고통 속에 있어야 한다.

(…)

그리하여 나의 가슴은 세상의 아픔으로 늘 시퍼렇게 멍들어야 한다.

그 푸르른 멍은, 살아 있음의, 살아감의, 존재 가치의 증거가 아니더냐."[1]

라고 읊조린 김용택 시인의 노래는 꼭 김 추기경을 두고 한 말이었다.

추기경의 30년 불치병 '불면증'의 원인도 그것과 무관하지 않았다.

근 1년간 추기경은 나라걱정으로 끙끙거렸다.

밤잠을 못 자며 뒤척이는 모습은 더욱 외로워 보였다.

최측근에서 거의 매일 지켜보다시피 했던 비서진 수녀와 신부는 이에 대하여 차라리 말을 아낀다. 어쩌면 침묵이 깊이와 폭을 알 수 없는 그 고뇌의 가장 리얼한 증언일지도 모를 일이다.

어쨌든, 곁에서 보다 못한 그들이 추기경에게 여쭈었다.

"추기경님, 추기경님의 그 애절한 마음을 우선 알아들을 수 있는 사람들에게 전하여 봄이 어떨까요? 그러면 다만 몇 사람이라도 추기경

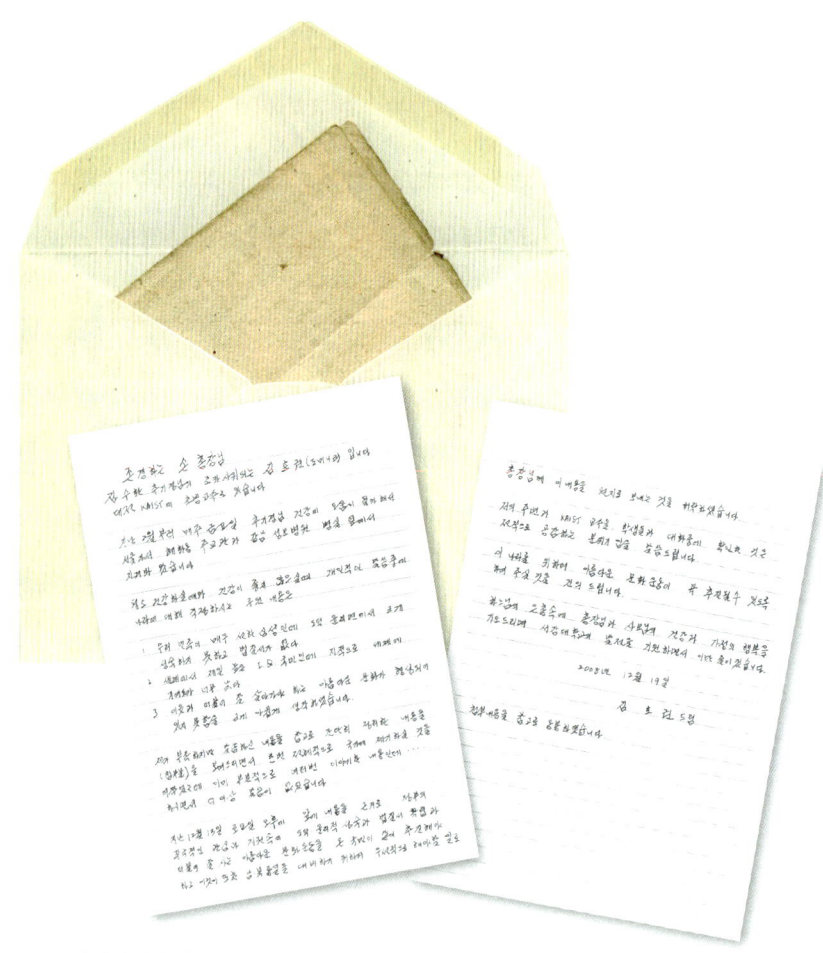

※ 조카사위 김호권 박사를 통해 당시 손 총장에게 전해진 김 추기경의 첫 번째 사신(2008년 12월 19일자)

님의 유지를 등불로 삼지 않겠어요?"

"……."

눈빛으로 끄덕여 주었다.

"그러면 저희들이 추기경님을 자주 예방했던 분들에게 '친전'을 보내 추기경님의 뜻을 전하면 어떨까요."

"……."

고개로 힘주어 끄덕여 주었다.

"그래, 그래, 그래!"

이리하여 친전이 작성되었다.

친전은 추기경의 육성을 고스란히 담았다.

친전을 마주하면 여전히 넉넉하지만 어쩔 수 없이 주름살 낀, 나아가 살짝 흔들리기까지 하는 목소리를 타고 그의 애절함이 들려온다. 가만히 들어보면 귀하디 귀한 100년의 지혜, 아니 1,000년의 지혜가 참 행복의 길, 모두가 더불어 잘 사는 묘책을 일러준다.

신 장군과 김 박사의 손을 빌려 처음 작성된 사신(私信)의 수취인은 일단 손병두 당시 서강대 총장, 한승수 당시 국무총리 등 가시적인

(추석명절을 앞두고 기자가 방문했을 때)

노 율리안나 비서 수녀:
추기경님, 더 하시고 싶으신 말씀 있으시면
받아 적으신대요.

김 추기경:
뭐~ 못 다한 일은 적어도 적어도
다 못할(못 적을 것) 것 같다.
그리고 "또 꼭 해야 된다.
하고 싶은 이야기가 있느냐?"
그러면 없다…….

-2008년 9월 16일, 강남성모병원 6010호실에서

인연들이었다.
 허나 인연의 가시성이 만인의 연인 김 추기경에게 무슨 제약이 되겠는가.

 그리하여 이제 이 친전을 대면하고 있는 그대가 그 수취인이다.
 김 추기경이 '한 번에 한 사람씩' 사랑하는 바로 그 주인공이다.

 나에게 '친전'의 엮은이가 되는 영광을 부여한 김수환 추기경 연구소, 특히 손병두 운영위원장에게 감사드리며, '친전'의 원전달자 신치구 장군과 김호권 박사에게도 고마움을 전한다. 자료협조를 해 준 평화방송 관계자, 귀한 사진을 제공해 준 전대식 기자 등등. 일일이 이름을 부르지 못하는 이 밖의 모두에게 드릴 수 있는 말은 역시나 "고맙습니다. 사랑합니다"일 터다.
 김 추기경의 후임 존경하는 정진석 추기경께서도 귀한 추천 글로써 '친전'에 힘을 보탰다. 더없는 응원에 허리 굽혀 감사드린다. 쾌히 작업을 성원해 준 허영엽 특임 신부에게도 각별한 고마움을 표한다.

사랑의 몰입 마이클 잭슨에게서 배우다 젊은
이들을 짝사랑 한다 소녀에게 준 카드 글귀
인정이 무척 그리워 지금 괴로운 나날을 보내
고 있는 누군가에게 벼랑에 선 사람들의 반격
젊으나 늙으나 갖는 것 생명의 역사는 부활의
역사다 윷놀이나 합시다 심장의 명령을 따라

1장
김수환 추기경의 친전

희망 없는 곳에도 희망이 있습니다

장마에도 끝이 있듯이 고생길에도 끝이 있단다

사랑의 몰입

1998년 76세 나이로 교구장직에서 물러난 이후, 김 추기경은 특히 젊은이들, 고통 받는 이들, 그리고 가난한 이들에게 유별난 사랑을 쏟으셨다. 그토록 바라왔던 '은퇴'의 꿈이 현실이 되자, 그동안 산적한 공적 집무로 인해 다소 소홀했었던 사랑의 행보에 신바람이 나기 시작했다.

사랑의 몰입. 이는 김 추기경이 한평생 꿈꾸던 진짜배기 소원이었다. 그 일단을 그는 담백하게 술회한다.

> 서울대교구 평협¹이 감사 미사를 봉헌하는 자리를 마련해 주었다. 〔…〕 감사 미사를 마치고 나오니까 성당 마당에 신자들이 가득했다. "추기경님, 사랑해요", "영원한 젊은 오빠, 사랑해요" 등의 글귀를 적은 손 팻말을 들고 환송해 주는 신자들을 보는 순간 가슴

사랑해요 영원한 젊은 오빠

이 울컥했다.²

그 역사적인 은퇴미사 후 얼마나 많은 팻말들에 얼마나 기발한 글귀들이 김 추기경을 향해 환호했겠는가. 하지만 김 추기경 마음에 꽂힌 말마디는 달랑 둘이었다.

'사랑해요' 그리고 '영원한 젊은 오빠'!

이는 김 추기경이 소년 시절 청운의 꿈을 품고 가족 곁을 떠난 이래 고독하디 고독했던 인생살이로 당당히 획득한 훈장이며, '죽는 날까지' 고스란히 지속하고픈 기쁨이었으리라.

그러기에 그의 은퇴는 끝이 아닌 시작이었다. 노년의 휴식 대신 지난날 쌓아둔 미련을 새로이 도전할 수 있었기 때문이었다.

지금이라도 꼭 한마디 해 드리고 싶다.

"사랑해요, 영원한 젊은 오빠."

마이클 잭슨에게서 배우다

확실히 김 추기경은 젊은 오빠였다. 주변의 항의를 무릅쓰고 마이클 잭슨을 만나 기탄없이 흉금을 나누는 그 열려있음이 어디 예사로운 일인가.

마이클 잭슨이 내한하여 내가 그를 만나기로 결정했을 때, 왜 그런 사람을 만나느냐는 항의 전화가 비서실에 빗발쳤습니다. 세리, 죄인, 창녀와 공공연히 어울리시길 좋아하셨던 예수님을 따르는 내가 마이클 잭슨을 만나지 말아야 할 이유는 없었습니다.

나는 사실 마이클 잭슨의 무엇이 그렇게 우리 청소년들을 잡아끄는지 이해하진 못했습니다. 하지만 그를 만나고 난 후 깨달을 수 있었습니다. 내가 그에게 물었습니다.

마이클 잭슨 방한 때(1996. 10. 14.) ⓒ진대식

"많은 젊은 친구들이 당신의 음악을 좋아하는 이유가 무엇이라고 생각합니까?"

"저는 그들을 사랑하고 그 사랑을, 음악을 통해 표현해서 그럴 것입니다. 저는 공연을 할 때마다 하늘로부터 사랑의 영감을 느끼며 그 느낌을 그들에게 전하려고 노력합니다."

"노래를 통해 하느님의 영감을 받는다는 말입니까?"

"네. 추기경님도 그러시죠?"

"나는 직업상 그럴 수밖에 없지요. 허허……."

그와의 대화 이후 나는 "저는 그들을 사랑합니다"라는 말을 오랫동안 생각했습니다. 추기경인 내가 마이클 잭슨만큼 청소년을 사랑하고 있는가 하는 반성도 들었습니다. 그는 영혼이 맑은 사람이었습니다. 마이클 잭슨과의 대화는 나로 하여금 더 실제적으로 사색하도록 자극을 주었습니다.[5]

김 추기경은 마이클 잭슨에게 가르치지 않았다. 오히려 묻고, 듣고, 배웠다.

"저는 그들을 사랑합니다."

마이클 잭슨의 이 한마디에 김 추기경은 '대단히 뜻 깊다'며 맞장

구를 친다. 그리고 이를 실마리로 삼아 당신의 사색을 술술 이어간다.

> 사랑이란 말은 우리가 가장 좋아하는 낱말입니다. 우리 모두 사랑을 바라고 노래하고 꿈꾸고 있습니다. 우리는 사랑을 떠나서는 살 수 없습니다. 사랑이 없으면 우리 각자의 삶은 삭막하기 그지없고, 사랑이 없을 때에 우리 가정은 파탄할 수밖에 없고, 사랑이 없는 사회는 황무지와 같은 사회이고, 사랑이 없을 때는 자연히 서로간의 미움만이 있을 수밖에 없고, 미움이 분쟁을 낳고 분열을 가져옵니다. 사랑이 없으면 결국 인간사회는 지옥과도 같습니다.
> 아니, 사랑이 없으면 생명이 있을 수 없고, 삶이 있을 수 없습니다. 우리가 존재할 수 없습니다.
> 아무도 나를 사랑하지 않는다면 내가 어떻게 그것을 견디어 낼 수 있습니까? 또 나에게 아무도 사랑하는 사람이 없을 때, 그런 '나'는 무엇입니까? 나는 아마도 그런 '나'를 참을 수 없을 것입니다. 사랑이 없으면, 진정 나는 아무것도 아닙니다.

그의 사랑 단상은 뺄 것도 더할 것도 없을 만큼 깔끔하다. 명불허전이며 공감이다.

배울 수 있다는 것은 젊었다는 얘기다. 뇌가 경화되지 않고 유연하니까 배울 수 있는 것이다. 결국 마음이 청춘이어서 그랬을 것이다.

그리고, 경청은 그냥 듣기만 하는 데서 그치지 않는다. 들은 바를 사색의 출발점으로 삼는 것, 거기까지가 진정한 경청이다.

누군가가 내 말에 경청해 주면 고맙다. 그대는 상대를 진정 경청하고 있는가? 혹은 진정 경청해 주는 누군가가 그대 곁에 있는가? 이점이 바로 누구나 김 추기경이 그리워지는 까닭이다.

젊은이들을 짝사랑 한다

은퇴 후, 주례와 강연은 김 추기경의 포기할 수 없는 보람이 되었다. 나는 '젊은이들에 대한 짝사랑'을 자주 고백하곤 해왔는데, 김 추기경은 거기서 훌쩍 더 걸어 가셨으니 반갑기 짝이 없다.

현직에서 물러났으니 이제 가진 것이라곤 시간밖에 없다고 생각했는지 사람들이 여기저기서 주례와 강연을 요청해 왔다. 대부분 거절하기도 힘든 부탁이었다. 특히 예나 지금이나 젊은이들이 부르는 곳은 다른 요청에 우선해 가려고 노력한다. 이 늙은이가 미래 사회의 주역들에게 참삶의 의미를 조금이라도 전해 줄 수 있다면 그보다 더 보람된 봉사가 어디 있겠는가.[5]

젊은이들의 초대는 추기경에게 명령으로 들렸던 듯하다. 그만큼 김

대희년 대구 청소년 대회에서(2000. 8.)   ⓒ전대식

추기경의 젊은이 사랑은 끔찍했다. 젊은이를 사랑하는 것이 그에게는 나라를 사랑하는 것과 다르지 않았던 것이다.

너 나 할 것 없이 멘토를 찾고, 멘토를 자처하는 이 시대에 그의 부재는 아쉬움을 넘어 견디기 벅찬 공허가 되었다. 내가 그의 이 '친전' 작업을 수락한 결정적인 이유도 여기에 있다.

김 추기경 선종 후 공개된 친필 메시지(1969. 8.)

소녀에게 준 카드 글귀

김 추기경에게는 청소년들이 스스로 다가오게 하는 매력이 있었다. 젊은 신부 시절 김천 소재 성의여고에서 쌓은 경험 때문인지, 친근하게 아이들과 눈높이 소통을 하는 것이 그의 즐거움 가운데 하나였던 듯도 하다. 추기경 서임식 후 3개월쯤 지났을 무렵의 일화는 우리 모두에게 소녀로 돌아가 평생 잊지 못할 위로를 받는 행운을 선사한다.

> 1969년 8월. 로마 바티칸 성베드로대성당에서 서임식을 하고 돌아온 마흔일곱의 젊은 추기경이 경기도 양평의 용문청소년수련원을 방문하였습니다.
>
> 당시 청소년들은 야외에서 텐트를 치고 수련회에 참가 중이었는데, 캠프 내내 장대비가 쏟아져 고생이 이만저만 아니었습니다.

추기경이 비를 피해 간이 막사에서 빗줄기를 바라보며 생각에 잠겨있을 때였습니다. 여고 1학년 학생이 그에게 다가와 이렇게 말하며 노트 위에 사인을 부탁하였습니다.

"아빠는 집을 나갔고요, 엄마는 병으로 누워있어요. 제가 아르바이트를 하며 동생 뒷바라지를 하고 있지만……. 하루하루가 정말 힘들어요. 추기경님이 저를 위해 좋은 말씀 하나만 적어주세요."

추기경은 그 특유의 미소로 답하며 이렇게 적었습니다.

"장마에도 끝이 있듯이 고생길에도 끝이 있단다."[6]

이 이야기의 실제 인물을 나는 김수환 추기경 추모 사이트에서 만날 수 있었다. 이제 50대의 중년이 된 김○○씨가 1969년 고등학교 1학년 때 김 추기경으로부터 받은 메모를 40년 동안 간직해오다 인터넷(http://cardinalkim.catholic.or.kr)에 공개한 것이다. 이런 덧붙임과 함께.

"계속내리는 장맛비로 텐트 속에서 자다가 새어들어 들어오는 빗물 때문에 서서 밤을 새우곤 했었는데 그때 오신 추기경님께서 비에 젖고 찢어진 메모지에 적어주신 글입니다. 항상 마음에 간직했던 글귀였습니다."

집나간 아빠, 병상의 엄마, 동생들 뒷바라지……. 나라면 이 여고생에게 무슨 말을 해 줄 수 있을까?

김 추기경은 장대비에 속옷까지 젖은 여고생이 즉시 알아들을 수 있는 현장의 언어를 쓰면서 가슴에 와 닿는 희망의 글을 단 한 문장으로 적어주었다. 삶의 예지는 물론, 범상치 않은 공감력이 번득이는 대목이다. 김 추기경이 노상 강조하듯 정말 사랑하면 다 통하는 것일까.

인정이
무척
그리워

누구고 큰 어른이 되면, 그가 감당해야 하는 운명이 있게 마련이다. 바로 근엄, 권위, 고독의 성에서 살아야 한다는 것이다. 이는 당사자에게는 고역이요, 그에게 다가가야 하는 사람에게는 어려움이 된다.

그런데 김 추기경은 정이 참 많았던 것 같다. 아니 자신이 그렇게 고백하고 있다.

나는 본시 인간을 사랑합니다.
나는 어릴 때부터 인정을 무척 그리워했습니다.
지금도 이 심정에는 변함이 없습니다.
어떤 이는 나를 피상적으로만 알고
감상 같은 것은 아예 상상도 할 수 없는

무뚝뚝한 성품으로 판단합니다.
그런데 웬 걸요,
제겐 소녀와 같은 감상이
지금도 너무나
많습니다.
영화관에서 슬픈 장면에 부딪히면
나도 모르게 눈시울이 뜨거워지니까요.[7]

나는 고 정채봉 작가와의 대화 중에 이런 말을 들은 적이 있다.
"도 닦는 사람이 정이 많으면 도가 설익는다던데요."
그토록 정이 많았던 김 추기경의 속사정은 어땠을까. 과연 도가 설익었을까? 아닌 것 같다. 적어도 관련 자료들이 증언하고 있는 바를 종합하면 오히려 그 반대다. 사람 냄새 풀풀 나는 그 인정이 만인의 연인이 될 만큼 넉넉한 품을 지닌 사랑꽃으로 피어났으니 말이다. 이는 아마도 그가 '도 닦는 사람'이 아니라 사랑의 완전을 지향하는 '구도자'였기에 그랬을 성 싶다.

어쨌든, 김 추기경은 '친전'으로 우리에게 말을 건네 온다.
"외로우면 나에게 오세요. 힘들 때도 오세요. 나도 함께 눈물을 흘릴 줄 안답니다. 목석이 아니라니까요."

'울 줄 안다'는 것을 스스럼없이 고백할 수 있던 어른, '누구도 조건 없이 받아들인다'는 수줍은 고백을 슬쩍 털어놓는 소년 같은 그…….

뜨끈뜨끈한 열감으로 시간의 벽을 뚫고 우리의 심금을 건드리는 육성이다.

지금 괴로운 나날을 보내고 있는 누군가에게

나는 졸저 『잊혀진 질문』의 서문에서 요즘 2040세대의 고충을 이렇게 적어본 적이 있다.

"시방 세상이 하수상하다.

소위 2040세대의 신음은 거칠고, 절망은 깊고, 분노는 격하고, 혼돈은 칠흑이다.

그 언저리라고 나을 바 없다. 너고 나고가 없다.

모두가 한통속으로 공황을 넘어 오리무중이다.

저마다 묘안을 쥐어짜 보지만 답답함은 가시지 않는다."

이는 소묘가 아니라 공감이었다. 나 역시 본문에서 이들에게 나름의 위로를 건넸지만, 어느 날 자료더미 속에서 발견한 김 추기경의 원고에서 문득 위로를 넘어 치유의 손길을 느꼈다.

너무 길어 때로는 지루하기조차 한 겨울 밤.
그 까만 밤의 터널을 지나면 하얗게 눈이 부신 새벽이
새날의 태양을 간직한 채 내려와 있습니다.

지금쯤이면 대학 입학과 취업의 기쁨을 안고
새 생활을 향한 희망에 부풀어 있는 이들이 있을 것입니다.〔…〕
어쩌면 이도 저도 아닌 방황의 길 위에서 괴로운 나날을
보내고 있는 이들도 있을지 모르겠습니다.〔…〕

지금 이 순간 어떤 형식으로든 힘든 시간을 보내고 있는
여러분들에게 해 주고 싶은 말이 있습니다.
참된 발전이란 고난을 통해서 온다는 것입니다.
그러므로, 그 고난 때문에 좌절하는 일은 없어야 한다는 것입니다. 젊은이답게 그 고난에 용감하게 맞서 이겨 나가기를 바랍니다.
다음 글은 『두레박』이라는 책 중에 있는 이해인 수녀님의 단상입니다.

사람들로부터 사랑도 많이 받았지만 미움도 더러 받았습니다.
이해도 많이 받았지만 오해도 더러 받았습니다.

기쁜 일도 많았지만 슬픈 일도 많았습니다.
"결국 모든 것이 다 소중하고 필요했습니다."
선뜻 이렇게 고백하기 위해서 왜 그리도 오랜 시간이 걸렸는지요.

회색 빛 마른 겨울 속에 희망의 새순을 품고 새해가 태어납니다.[8]

 말 그대로 '지금 이 순간 어떤 형식으로든 힘든 시간을 보내고 있는' 영혼이라면, 그냥 쓱 읽고 지나갈 수 없는 치유의 터치리라. 토를 다는 것이 무색해질 만큼 위로의 메시지는 뚜렷하고 힘이 있다. 이 주제를 나름 옹골차게 고뇌해온 나에게도 따뜻한 쓰다듬음이었음을 고백한다면, 김 추기경 친전의 간곡함이 독자들에게 느껴질까.
 추기경이 인용한 이해인 수녀의 글귀가 누군가의 가슴에서 메아리 친다면 그것이야말로 추기경의 본의 아니었을까.
 "결국 모든 것이 다 소중하고 필요했습니다."
 혹여 그대가 이 말을 수긍하기까지 더 세월이 필요할지도 모르겠다.
 그 세월이 그리 길지 않기를. 그리하여 그대 역시 감사와 희망으로 새날을 뚜벅뚜벅 걷게 되기를.

"희망이 있는 곳에만 희망이 있는 것은 아니란다.
희망이 없는 곳에도 희망을 걸어야 해. 무슨 말인지 알지?"

벼랑에 선 사람들의 반격

요즈음 절망의 늪에서 한치 앞을 불안해하고 있는 사람들이 많다. 크고 작은 절망, 짧고 긴 낙심의 그늘들이 드리워 속수무책인 이들이 주변에서 한숨만 쉬고 있다. 참으로 안타깝고 가슴 아프다.

김 추기경에게도 별별 사연을 지닌 이들이 절망 속에서 도움을 청하기 위해 찾아오거나 편지를 보내왔다. 물론 그 반대 경우도 있다. 절망에 처한 이들에게 도움이 되는 승전보나 미담을 보내오는 경우 말이다.

한 2년 전에 이런 경험을 했습니다.
제게 어떤 젊은이가 왔습니다. 인물이 잘생긴 그는 자기소개를 하는데 불행히도 에이즈 환자였습니다. 저를 찾아온 이유는 자기 자신이 에이즈에 걸린 환자이고 그 때문에 이제 세상의 희망은 아무엇도 없지만 다른 이들을 에이즈로부터 보호하기 위하여 뜻을 같이하는 몇몇 에이즈 환자들과 함께 자신들이 왜 에이즈에 걸렸는지 수기를 썼으니 그 책에 서문을 좀 써 달라는 것이었습니다. 저는 기꺼이 그 청에 응했습니다.

이 분들의 수기는 『벼랑에 선 사람들』이라는 제목으로 출판되었습니다.

아무튼 저는 그의 이야기를 듣고 감동하였습니다. 다 아시는 바대로 에이즈는 무서운 병입니다. 모든 희망을 앗아가는 절망입니다. 이 병에 걸렸다하면 사람들로부터는 멸시와 두려움 때문에 소외되고 죽을 날만 기다려야 합니다. 그런데 이 젊은이는 그런 상황 속에서도 절망을 극복하고 남을 위해 일어선 것입니다. 인생에는 참으로 세상 모든 것을 다 잃고도 아직도 이룩해야 할 무엇인가 더 소중한 것이 있다는 것을 시사해 주고 있지 않습니까?[9]

에이즈 환자가 자신들의 절망을 딛고 에이즈 예방을 위해 일어선다?

대단하다. 반격이다.

이렇듯이 벼랑 끝에 선 사람들에게도 아직 의젓하게 남아 있는 희망의 불씨가 있다. 곧 꺼질 듯한 위태로움을 지니고 있다 할지라도 불씨는 불씨다. 완벽한 어둠을 허락지 않는 깔볼 수 없는 화력이다.

이 일화는 김 추기경을 감동시킨 '참말로!' 아름다운 이야기가 되었다. 평소 '참말로'라는 단어를 자주 썼던 추기경이었기에, 그는 이 미담을 두루 퍼트림으로써 여기 절망의 땅에 희망의 씨앗을 뿌리고 싶었으리라.

"벼랑 끝에도 희망이 있습니다! 그러니 힘을 내세요. 어서요."

영락없는 김 추기경의 육성이다.

다른 기회에 김 추기경은 백혈병을 앓고 있던 열여덟의 소녀를 병문안하면서 이렇게 위로했다고 전해진다.

> "희망이 있는 곳에만 희망이 있는 것은 아니란다. 희망이 없는 곳에도 희망을 걸어야 해. 무슨 말인지 알지?"[10]

이 떨리는 위로의 말을 들어야 할 사람이 오늘 우리 주변에 많다. 김 추기경의 안타까움이 공기를 타고 우리 가슴으로 흘러드는 듯하다.

"무슨 말인지 알지?"

젊으나 늙으나 갖는 것

    나는 현자들의 지혜를 탐닉해왔다. 거기서 인생 제 문제의 답을 얻을 수 있다는 기대에서였다. 과연 그 탐구는 헛되지 않았다. 그 열매를 나 자신이 누릴 뿐 아니라 만인에게 나눌 수 있게 되었으니 말이다.

  그런데 동서고금의 현자들에게도 가장 까다로운 주제가 '희망'이다. 희망에 대한 생각의 깊이는 바로 그의 수준을 드러낸다고 해도 과언이 아니다. 이런 의미에서라면, 김 추기경은 손색없는 현자의 반열로 인정해도 무방할 듯싶다. 희망에 대한 그의 예지는 우리에게 말할 수 없이 큰 응원이 된다.

  세상을 어둡게 하는 것은 무엇인가?
  전기(電氣)가 다 나간 뒤 불을 밝힐 것이 없으면 어두울 것인가?

아니다.
습관이 들면 태양만으로도 족하다.
밤이라도 달빛으로 족하다.
달도 없으면 별빛으로 족하다.
그것마저 없어도 관계없다.
마음만 편하다면!
가장 어두운 것은 삶의 희망이 완전히 없어졌을 때이다.
삶의 의미가 없고, 보람이 없고, 미래가 전혀 없을 때이다.
그것은 곧 죽음이다.[11]

문학적이며, 철학적이며, 영성적이기까지 한 명문이다. 이를 풀어 전개하는 김 추기경의 희망철학 역시 설득력 있게 우리를 독려한다.

희망이라는 것은 '오늘보다 더 나은 내일에 대한 바람'입니다. 모든 인간은 의식·무의식중에 이러한 희망을 지니고 있습니다. 그래서 인간은 이미 어렸을 때부터 꿈을 지니고 동경을 품으며 삽니다.

어린 시절에 저는 해가 지는 서산마루를 자주 바라보며 저 산 너머에는 무언가 아름다운 곳이 있을 것 같은 동경을 지녔고, 시골에 살았던 관계로 도시에 가면 크게 성공하여 멋진 모습을 하고 돌아

올 것 같은 공상을 하곤 했습니다.

그런가 하면 늙어서 살 대로 다 산 사람도 무언가 더 나은 것을 바라는 꿈을 좀처럼 버리지 못합니다. 자신은 이미 때가 늦었다는 것을 인정하더라도 더 나은 것이 자식 대에서 이루어지기를, 그 자식이 아니면 후손에 의해서라도 이루어지기를 막연하게나마 기대하고 있습니다. 그럼으로써 결국은 자기 자신의 바람들이 간접적으로나마 성취되리라는 기대를 갖는 것입니다.

이렇게 사람은 젊으나 늙으나 꿈과 기대와 희망을 지니고 삽니다. 〔…〕

허무주의자의 대표자라고도 할 수 있는 니체에게도 그의 신의 죽음과 절망적인 상황 속에서도 무언가를 갈망하는 향수가 짙게 나타나 있습니다. 그가 한 말 중에서 "영원은 더욱 깊고 깊은 영원을 바란다"(Ewigkeit will tiefer tiefer Ewigkeit)라는 말이 있습니다. 이 말을 보면 니체는 오히려 모든 인간의 심층 심리, 즉 마음 깊은 곳에 있는 영원에 대한 갈망을 누구보다도 잘 표현하고 있다고 말할 수 있습니다. 〔…〕

이러한 것을 볼 때 인간은 분명히 미래 지향적입니다. 민족도 인류전체도 미래 지향적이요, 이것이 곧 희망입니다.[12]

평소 격의 없던 그의 사람대함 만큼이나 그의 희망철학 역시 우리 이해와 거리가 없다. 어렵거나 고상하지 않으며 꾸밈이 없다. 그러기에 스펀지처럼 자연스럽게 우리 머리와 마음에 흡수된다.

어서 꾸물거리지 말고 희망을 다시 추스를 일이다.

생명의
역사는
부활의 역사다

고통은 인간의 숙명이다. 피할 수도 부정할 수도 버릴 수도 없다. 그런데 '나'의 고통은 그때그때 우주의 중심이다. 자신이 현재 겪는 고통이 가장 아픈 듯이 느껴지는 것이다.

고통은 물음을 묻게 한다. 왜, 왜, 왜? 그 이유를 깨닫는 것은 꼭 나이에 비례하는 것만은 아니다. 까닭을 아는 것만으로도 고통을 감당하기가 훨씬 수월해지고, 나아가 그것이 기쁨으로 둔갑하기도 한다.

이 물음 앞에서 여전히 답답함을 느끼는 이들에게 김 추기경은 강변한다.

그리스도는 본시 빛이셨지만, 왜 불멸의 빛이 되셨는가?
십자가가 있었기 때문이다.
헬렌 켈러가 왜 시각 장애인들에게 빛이 되었는가?

자신의 어둠과 싸워서 이겼기 때문이다.
간디가 왜 빛이 되었는가?
어떤 환경에서도 폭력에 의지하지 않고
진리를 추구했기 때문이다.[13]

생명의 역사 치고 부활의 역사가 아닌 것이 없습니다.
새싹은 땅에 묻혀 썩은 씨앗에서 움트며
화창한 봄은 얼어붙은 긴 겨울로부터 오며
새벽녘의 밝은 빛은 칠흑 같은 어둠으로부터 번져 나옵니다.[14]

  고통에 관해 언급할 때 김 추기경의 육성엔 더욱 힘이 들어갔다. 김 추기경은 기회 있을 때마다 고통에 관한 단상을 촌철살인의 필치로 설파하였다. 예를 들자면 이런 식으로.

외적으로 어려울 때일수록, 내적으로는 더 심화되고
'마음의 문'이 열려서 인생을 더 깊이 볼 수 있다.
지금이 만약 시련의 때라면 오히려 우리 자신을
보다 성장시킬 기회가 주어졌다고 생각하라.[15]

어떤 고통도 겪지 않은 인간, 고독도 슬픔도 겪지 않은 인간은, 사실 존재하진 않겠지만, 있다면 그런 인간은 무미건조합니다. 인간의 깊이도 없고 향기도 없습니다.[16]

이 친전 멘토링이 지향하는 바는 무엇인가?
고통에 시달리는 오늘 우리들의 소생!
바로 이것이다.

지금 고통 중에 있는가?
그대 인생의 의미와 향기가 깊은 잠에서 깨어나고 있는 중이다.

막달레나의 집 가족과 함께 윷놀이 중(1989. 2.) ⓒ전대식

윷놀이나 합시다

김 추기경은 어둠속의 여성들에게도 특별한 애정을 쏟으셨다. 수녀원에서 운영하는 '쉼터'는 그녀들이 의지할 수 있는 공간이었다. 수녀들의 초대에 추기경은 흔쾌히 응하며 그곳을 방문했다. 하지만 거침없는 여성들과 대화를 나누기란 그리 녹록한 일이 아니었다. 그럼에도 그들을 향한 추기경의 참 사랑의 진심은 금세 재치로 나타났다. 한번은 이런 일이 있었다.

"추석 날 추기경이 쉼터 여성들과 함께 시간을 보내고 있었다.

그 가운데 한 여성이 평상복차림의 추기경에게 다가가 기대며 말을 건넸다.

"추기경님, 담뱃불 좀 주세요."

"네, 여기 있습니다."

그녀는 추기경에게 자신의 이야기를 터놓기 시작했다.

"오늘 같은 날엔 고향에 계신 아버지가 떠올라요. 내가 성매매를 하면서 못 본 지 십 년이 넘었죠. 처음엔 돈 좀 벌면 다시 고향에 내려가려 했는데…… 그런데 그럴 수 없었어요."

그녀는 금세 울먹이기 시작했다.

"빚만 잔뜩 는 데다 몸은 엉망이 돼 버렸어요."

그 자리에 있던 다른 여성들도 함께 침울해졌다. 추기경이 그녀들을 어르며 말했다.

"자자, 오늘은 추석입니다. 이럴 게 아니라 우리 윷놀이를 해요."

윷판이 벌어지자 추기경과 여성들은 재미있는 시간을 보냈다. 그렇게 따뜻한 시간을 함께 보냈던 한 여성이 후에 병으로 선종했다. 아무도 그녀를 찾는 이가 없었지만, 추기경이 그 여성을 찾아와 명복을 빌어 주었다.

"주님께서 이 여성을 보살펴 주소서."

쉼터의 많은 여성들이 추기경의 모습에 감화를 받았다."[17]

추기경의 사랑에는 사람의 차별이 없었다. 아니 아예 그런 구별이 없었다. 그에게는 모두가 당신이 돌보아야 할 양떼였다. 어쩌면 김 추기경이 전하는 다음의 친전 메시지는 길 잃은 양을 위한 변론이었는지도 모른다.

> 우리 모두가 '너에 대한 정의의 판단'보다는 '나에 대한 자성과 심판'이 먼저 있어야 한다고 봅니다.[18]

끝없이 자신을 되돌아본 자만이 '한 사람'을 진정으로 품을 수 있는 가슴을 지닌다. 과거를 따지지 않고, 현재를 묻지 않고, 그냥 송두리째 존재를 포용해 주는 연민 말이다.

심장의 명령을 따라

　　　　김 추기경의 관심 스펙트럼은 '한 사람'에서 '국가' 및 '민족'으로 두루 펼쳐져 있었다. 그랬기에 정의의 문제 역시 추기경의 고뇌거리였다. 꼭 나서야 할 땐 한 치도 물러섬이 없었다. 그에게 있어서 이는 떠밀려 수행하는 직책상 의무가 아니라, 그의 심장이 명령하는 뜨거운 사명이었다.

　전두환 정권말기 1987년 6·10 항쟁 때 발생한 명동성당 사건에서 김 추기경이 남긴 저 유명한 말의 경우만 해도 그렇다.

'6·10 규탄 대회'를 마친 학생과 시민 수백 명이 그날 밤 경찰에 밀려 명동성당으로 들어왔다. 그때부터 사태가 숨 가쁘게 전개됐다. 경찰은 시위대를 향해 즉각 해산을 종용했다. 성당 들머리에서 간간이 투석전이 벌어졌다. […]

밤이 되면 긴장감이 더했다. 한바탕 무슨 일이 벌어질 것만 같았다. 이름만 대면 다 아는 정부 고위 당국자가 늦은 밤에 나를 찾아왔다. 그런데 그 사람은 본론을 꺼내지 못하고 우물쭈물 망설이면서 에둘러 말했다. 눈치를 보니까 학생들을 강제 연행하기로 결정을 내린 듯했다.

"무슨 말씀인데 그렇게 망설이십니까? 오늘밤에 경찰 병력을 투입하겠다는 통보를 하러 오신 거지요?"

"……"

"제가 하는 말을 정부 당국에 전해 주십시오. 경찰이 성당에 들어오면 제일 먼저 나를 만나게 될 것입니다. 그 다음 시한부 농성 중인 신부들을 보게 될 것입니다. 또 그 신부들 뒤에는 수녀들이 있습니다. 당신들이 연행하려는 학생들은 수녀들 뒤에 있습니다. 학생들을 체포하려거든 나를 밟고, 그 다음 신부와 수녀들을 밟고 지나가십시오." [19]

김 추기경의 입장은 확고했다. 전두환 독재정권의 연장이냐 종식이냐의 문제가 걸린 사안이었기 때문이었다. 그날 밤 김 추기경은 잠을 이룰 수가 없었다. 기도로 버텼다. 마침내 정부 당국은 학생들의 안전 귀가를 보장하고 14일 밤에 경찰 병력을 철수시켰다. 그리고 김 추기경은 학생들을 설득하여 안전하게 귀가조치시켰다.
 결과적으로 이 일은 전두환 정권의 퇴진을 가져온 결정적인 승기가 되었다.

 "나를 밟고 가시오."

 이 만큼 그는 우리 시대 젊은이를 사랑했다.
 꼭 젊은이가 미래여서만이 아니었다.
 굳이 젊은이가 민족의 자산이기 때문만이 아니었다.
 그대 젊은이가 소중해서였다.

하나하나의 이름으로 부르고픈 친구들이
여 나는 행복합니다 돌멩이에게도 의미
가 있다 슬픈 시대 젊은이를 위한 변론
나는 누구이며 무엇인가? 묻지 말고 응답
하라 스스로 생각하는 것보다 위대하다 냉
장고 문을 열고 나오라 매일 5분씩이라도

2장
김수환 추기경의 친전

스스로 생각하는 것보다
훨씬 소중한 그대여

　　　　　　　　　．
　　　　　　　　　．
　　　　　　　　　．
　　　이 세상의 모든 사물에는 의미가 있습니다.
살아 있는 것뿐만 아니라 무생물에게도 그 존재의 의미가 있습니다
　　　　　　　　　．
　　　　　　　　　．
　　　　　　　　　．

하나하나의
이름으로
부르고픈
친구들이여

언젠가 청소년들을 위한 글 한편 써달라는 청탁을 받았을 때, 김 추기경은 기꺼이 응했다. 시문 형식으로 쓴 격려의 글을 읽노라면 김 추기경이 이 시대 젊은이들의 고민과 아픔을 얼마나 공감하고 있었는지가 생생히 울려온다.

사랑하는 젊은이 여러분,
여러분을 생각할 때
나의 가슴은
한없이 벅차오릅니다.〔…〕

내게 더 없이 소중한
친구들이여,

나는 여러분의 젊은 가슴 안에서
그 크기와 광채가 아주 다양한
여러 별빛들을 볼 수 있습니다. 〔…〕

이름을 모르지만,
하나하나의 이름으로 부르고픈 친구들이여,
여러분은 집에서, 학교에서,
그리고 교회나 사회에서,
저녁의 어스름함과 밤의 칠흑을
이미 경험했으리라고 나는 생각합니다.

그래서 때때로 근심스러움에 싸였고,
걱정과 불안으로 거리를 방황했고,
또 극심한 갈등과 물음을 안은 채
잠 못 이루는 밤들을 보냈을 것입니다.
왜 가족들은 이다지 뿔뿔이 흩어져야 하는가?
왜 학교는 그토록 심한 전쟁터일까?
왜 사회는
우리의 마음을 무참히 짓밟는 것일까?

여러분 중에 특히
어린 나이에 벌써부터 삶의 고달픈 짐을
힘겹게 져야 했던 젊은이들에게
나는 더 각별한 애정으로 말하고 싶습니다.

사랑하는 친구여,
두려워 마세요, 힘을 내세요!
우리의 별빛은 까만 밤일수록
더욱 찬란해집니다.
막연하고 앞이 캄캄히 느껴지는 순간일수록
여러분의 가슴 속 깊이에서 비추이는 그 별빛을
찾으십시오.
그때는 무언가 소중한 일이 일어날 수도 있는
순간입니다.[1]

  독자는 글로 읽을지 모르지만 나는 육성으로 듣는다. 이 '친전'을 엮기 위해 수집한 김 추기경의 원고뭉치들은 읽을수록 글이 아니었다. 살아서 메아리치는 목소리였다.
  왜? 글은 멀리서도 간접적으로 읽지만, 육성은 가까이서 직접적으로 들려오기 때문이다. 그만큼 김 추기경의 '친전'은 한 사람 한 사람을 수신인으로 향하고 있다.

  그러므로 이 글 아닌 육성은 바로 당신을 위한 격려다.

나는
행복합니다

여의도 성모 병원 벽에는 그곳을 지나는 환자와 방문객들이 볼 수 있도록 이런 말씀이 붙어 있습니다.

"아침이면 태양을 볼 수 있고
저녁이면 별을 볼 수 있는
나는 행복합니다.
잠이 들면 다음날 아침 깨어날 수 있는
나는 행복합니다.
꽃이랑 보고 싶은 사람을 볼 수 있는 눈과,
아가의 옹알거림과 자연의 모든 소리를 들을 수 있는 귀와,
사랑한다는 말을 할 수 있는 입과,
기쁨과 슬픔과 사랑을 느낄 수 있고

젊은 시절의 한때

남의 아픔을 같이 아파해 줄 수 있는 가슴을 가진
나는 행복합니다."

 참으로 그렇습니다. 내가 성한 눈을 지녀서 자연의 아름다움을 볼 수 있고, 귀가 열려 있어서 말과 소리를 들을 수 있습니다. 그리고 입으로 말을 할 수 있다는 것…… 그 중 어느 것 하나 감사하지 않은 게 없습니다.[2]

 행복은 인간 존재 이유의 0순위다. 성공하기 위해 사는 것이 아니라 행복하기 위해 사는 것이다.
 그런데 불행하게도 많은 사람들이 행복해야 할 이유를 놓친 채 살고 있다. 공연히 헛군데에서 찾고 멀리서 찾기 십상이다.
 김 추기경은 바로 우리 안에 있는 또는 우리 곁에 있는 행복의 까닭을 친근하게 상기시켜 준다. 그냥 스쳐 지나기 쉬운 액자 속의 글귀들을 허투루 대하지 않았다는 점이 더욱 따뜻하게 느껴진다.
 김 추기경의 행복 역시 소소한 행복이라니. 아무렴.

돌멩이에게도 의미가 있다

왜 살아야 하는가?
도대체 왜 나는 이 지긋지긋한 삶을 연장해야 하는가?
적지 않은 사람들이 망연자실 묻는다. 김 추기경은 답한다.

1954년에 아카데미상을 수상한 「길」이라는 이탈리아의 영화를 아십니까? 그 영화의 여주인공 제르소미나는 좀 바보스러웠습니다. 남자 주인공 잠파노에게 제르소미나는 끌려 다닙니다. 제르소미나는 자신의 존재 가치를 인정하지 않는 사람이었습니다. 잠파노에게 끌려 다니면서도, 바로 거기서 살맛을 느끼면서 지냈습니다.

어느 날, 잠파노가 오다가다 만난 동업자 비슷한 마르코라는 친구와 싸우게 되었습니다. 잠파노가 싸워서 마르코를 두들겨 팼는

데, 그것이 경찰에 들켜서 잠파노는 유치장에 갇히게 되었습니다. 제르소미나는 자기가 매달려 있던 그 사람이 갑자기 유치장에 갇히게 되니까, 자기의 존재 의미를 더욱 찾지 못하는 것이었습니다. 그래서 '내가 왜 살아야 되는가' 하는 의미를 발견하지 못하고, 실의에 빠져 버립니다. 그것을 보고 마르코가 제르소미나에게 말합니다.
"네 인생에도 의미가 있어. 의미가 있어야 돼! 이 돌멩이에도 의미가 있어!"

제르소미나가 무슨 의미냐고 물으니까, 그가 다시 말합니다.
"무슨 의미인지는 몰라. 그렇지만 무슨 의미든지 있어야 돼! 만일 이 돌멩이에 의미가 없으면, 이 세상 모든 것에도 의미가 없어!"

나는 처음 이 영화를 보고서 그 대목에서 느꼈던 인상이 아직까지도 남아 있습니다. 깊은 뜻을 가졌고, 그 말이 맞다고 생각하게 되었습니다.
그렇습니다. 이 세상의 모든 사물에는 의미가 있습니다. 살아 있는 것뿐만 아니라 무생물에게도 그 존재의 의미가 있습니다.[3]

스토리텔링이라 어쩔 수 없이 장황했지만 뼈 있는 말씀이다. 뼈 중에서도 통뼈다. 그것이 정곡을 관통하고 있다. 김 추기경은 하늘이 준 권위로 선언한다.

"더구나 그 존재 가운데 가장 탁월한 존재인 인간에게는 더욱 특별한 의미가 있습니다."

슬픈 시대
젊은이를 위한
변론

젊은이들의 절망과 분노! 어느 날 불쑥 생긴 것이 아닌 이 상투적인 표현! 김 추기경이 특별히 안타까워한 시대의 아픔이었다. 추기경은 이들을 이렇게 다독인다.

> 세상이 어지럽다고 해서, 나의 인생도 의미가 없다고 하여 좌절해서는 안 됩니다. 지금 우리 모두는 삶의 의미가 없는 쪽으로 많이 생각하여 흘러가는 대로 내맡기는 경향이고, 사회 전체의 메커니즘 속에 떨어지고마는 상황인데, 우리나라 사람들의 다수가 삶의 의미가 있다는 걸 발견하고 산다면 사회는 달라질 것입니다.[1]

회색빛 물음표와 절망적 종지부를 거두라는, 젊은이들을 향한 추기경의 애소다. 이제 이들에 대한 애정은 고스란히 기성세대를 향한 부

(성탄을 앞두고 불우청소년 시설에서)

추기경: 우리나라가 요새 사정이 어떤 줄 아느냐?
어린이: 알아요.
추기경: 어떻게 되어 가느냐?
어린이: 나라가 부도나게 되어 있어요.
추기경: 그러면 어쩌지?
어린이: 그러니까 우리가 아껴야지요.

추기경: 그들이 어떻게 하느냐는 우리 어른들에게 달려있지요. 어른들이 좋은 표양을 보여주면 우리 청소년들은 문제가 없어요. 걔들은 아주 순수하기 때문에……

- 1998년 1월 1일, 신년특별대담 중에서

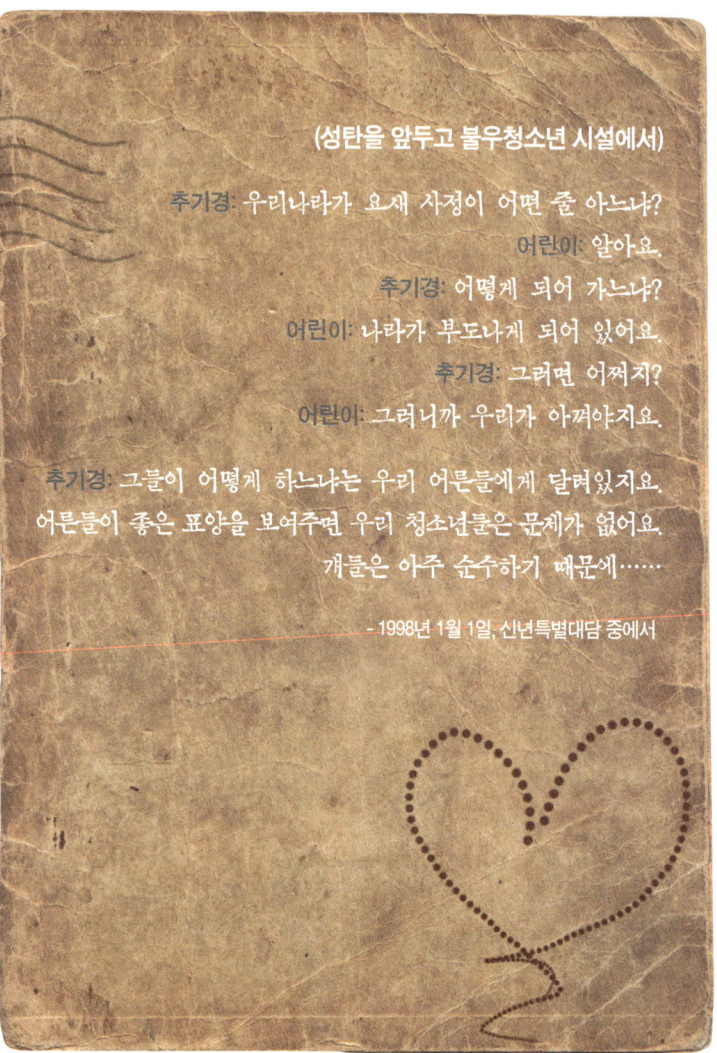

드러운 나무람으로 옮겨간다.

우리 기성세대가 보면 젊은이들의 못마땅한 점이 많지만, 젊은이가 보면 기성세대가 옳지만은 않습니다. 우리가 젊은이들을 보고 자꾸만 "너희들은 틀려먹었다!"고 해서는 문제의 해결점을 찾을 수 없습니다. 기성세대나 젊은이들이나 저마다의 주장에 상당한 일리가 있고 보면, 서로 대화를 할 수 있게끔 되어야 합니다. 어른이 먼저 "자, 우리 한번 이야기해 보자!" 이렇게 나와야 됩니다.

젊은이들이 지적하는 모순이 우리 기성세대에게 계속되는 한, 그들은 기성세대와 점점 격리되고, 행동의 타당성을 기성세대의 비리에서 찾게 되고, 점점 격화되어 갈 것입니다. 그런 의미에서 가정이나 사회적으로 대화의 채널이 활성화되고, 사회의 전반적인 분위기가 그런 문제를 양성화하여야 된다고 생각합니다.[6]

부드럽지만 힘이 있다.
큰 어른의 통찰이며, 설득이며, 중재다.
과연 그렇지 않은가.

나는
누구이며
무엇인가?

인간은 자기가 아닌 다른 것에 대해서는 아는 것이 많습니다. 그런데 자신에 대해서는 모릅니다. 자기가 누구인지, 무엇인지 아직 완전히 모르고 따라서 인생의 의미에 대해서도 모릅니다.[7]

김 추기경은 이 주제에 대하여 집요하게 사색한다.

인간을 단지 생물학적으로만 보면 오늘 살다가 내일 아궁이에 들어갈 초개(草芥)와 다를 게 없습니다.

그런데도 오늘날 인간은 생물적으로만 혹은 물량적으로만 간주되고 있습니다. 그저 어떻게 입히고 먹이고, 그 욕구를 채워주면 좋을지 모를 생물체로만 인식되어 가고 있습니다.

정치가 인간을 그렇게 다루고, 경제가 인간을 그렇게 보고 있습

니다. 그래서 가장 큰 걱정이 결국엔 먹고사는 것밖에 없는 것 같습니다. 결과적으로 인간이란 무엇인지, 왜 사는지, 왜 죽는지 생각하려 들지 않습니다.

인간을 알려면 나를 더 깊이 들여다보아야 합니다. 내 속에 내재된 신의 모습을 보아야 합니다.

나는 무엇이기에 이다지도 영원을 동경하는가? 왜 나는 무한한 행복을 추구하는가? 왜 한 없는 사랑을 찾고, 진실을 찾는가? 그것은 내 속에 생물적 생명 외에 다른 무엇이 더 깊이 뿌리박혀 있기 때문에 드는 의문입니다.[8]

답은 열려 있다. 김 추기경 역시 애써 답을 제시하려 하지 않는다. 어차피 누구든지 스스로 깨달아야 할 사안이기 때문이었으리라. 하지만 그는 답을 열어둠으로써 오히려 인간의 위대함과 소중함을 드러내고 있다. 그러기에 인간은 미스터리라는 것이다.

인류가 지니고 있는 모든 지식의 총체를 향하여 '인간이 무엇이냐'고 묻는다 해도, 그 지식의 총체는 답을 하지 못할 만큼 인간이란 참으로 신비스럽습니다.[9]

묻지 말고
응답하라

인생의 의미에 대한 물음은 김 추기경 자신이 줄곧 붙잡고 매달린 물음이었다. 그는 똑같은 물음을 놓고 다양한 루트로 접근을 꾀하고 있다. 그러면서 얻은 한 깨달음을 그는 이렇게 나눈다.

독일 나치의 유다인 수용소 실상을 다룬 책 『죽음의 수용소』에 이런 대목이 나옵니다.

수용소는 강제 노동, 전염병, 영양실조, 총살 등 도처에 죽음만이 기다리고 있는 지옥이나 다름없었습니다. 이런 상황에서 인간이 희망을 가진다는 것은 사실상 불가능한 일입니다.

그런데 수용소에서 1944년 성탄절과 이듬해 1월에 유독 사망자가 많이 나왔습니다. 노동 강도가 예전보다 더 가혹했던 것도 아니고, 전염병이 돈 것도 아닌데 말입니다.

정신의학자인 저자 빅터 E. 프랭클은 대량 사망의 원인을 '집단적 실망'이라고 분석했습니다.

성탄절이 되면 연합군이 진격해 자신들을 구해 줄 것이라는 소문이 수용소에 퍼졌는데, 학수고대하던 연합군은 12월 25일이 돼도, 이튿날 26일에도 또 해가 바뀌어도 찾아오지 않았습니다. 곧 구출될 것이라는 소문에 잔뜩 희망을 걸었던 사람들은 그것이 근거 없는 뜬소문으로 판명나자 실망한 나머지 정신적 저항력을 잃었습니다. 결국 몸의 저항력마저 극도로 약해져 발진티푸스를 이겨내지 못하고 줄줄이 죽어간 것입니다.

인간은 의미 없는 고통을 견디기 어려운 존재입니다. 어떤 고통이든 무언가 의미가 있다고 느껴질 때 그 고통의 짐을 지고 갈 수 있습니다. 내겐 나를 필요로 하는 자식이 있다, 나를 기다리는 아내가 있다, 나는 꼭 이뤄야 할 목표가 있다 등 무언가 삶의 의미가 있어야 합니다.

그렇다면 인생에서 아무것도 기대할 게 없고, 어떤 의미도 찾을 수 없다고 좌절하는 사람에게 우리는 무슨 말을 해 줄 수 있을까요?

빅터 프랭클은 이렇게 조언합니다.

"여기서 필요한 것은 생명의 뜻(인생의 의미)에 대한 관점의 변경일 것이다. 즉 인생에서 무엇을 더 기대할 수 있는가가 문제가 아니고, 도리어 인생이 우리에게서 무엇을 기대하고 있는가가 문제인 것이다. 철학적으로 말하면 관점의 코페르니쿠스적 전환이 문제라고 할 수 있다."

우리가 인생의 의미를 묻는 것이 아니라 우리 자신이 그런 질문을 받은 자로서 응답하라는 이야기입니다.[10]

김 추기경의 마지막 멘트에 우리가 그토록 찾아왔던 답의 실마리가 있다.

"삶의 의미를 묻지 말고, 삶에 의미를 부여하라!"

자신의 삶에 의미를 부여하는 것은 그리 어렵지 않다. 이것이 내가 살아야 할 목적이야! 그 사람을 위하여 나는 꼭 필요한 존재야! 저 가치가 내가 평생 추구할 목표야! 이런 식으로……

비록 거창하지 않아도 좋다. 지극히 이기적이어도 좋다. 존재가 흔들릴 땐 살아남는 게 선이니까. 나만 떳떳하다면 남들의 손가락질을 받아도 좋다. 시작이 있으면 걸맞는 과정이 따를 테고, 소소한 결과도 기대할 수 있을지니. 그대 생의 물음에 그냥 씩씩하게 응답하라.

스스로
생각하는 것보다
위대하다

"인간은 위대하다." 이렇게 생각하는 사람은 많다. "나는 위대하다." 하지만 스스로 이렇게 생각하는 사람은 그리 흔치 않다.

김 추기경은 우리를 설득한다.

우주 비행선 콜롬비아호가 발사되었을 때, 그것은 현대 과학의 정수를 말하는 것이라고 모두 놀라워했습니다. 그러나 그 콜롬비아호는 '나'라는 존재에 비할 것이 못됩니다. 이유는 콜롬비아호는 현대 과학이 만들어 냈지만 나는 현대 과학이 아무리 최선을 다해도 나와 같은 인간을 만들어 내지 못합니다. 그런데 거기다 이런 내가 있는 것, 이것은 참으로 놀라운 일입니다. 저 하늘 높이 많은 별들이 있지만 그들은 자의식을 가지지 못합니다. 그런데 나는 내가

부부가 추기경 강의석에 물 잔을 내려놓자 김 추기경이 말했다.
"여러분 방금 여기 놓인 물 잔이 우연히 왔다고 생각합니까?
아니지요, 다 사연이 있어서 왔습니다.
그러므로 세상에 우연한 일이란 결코 있을 수 없습니다.
여러분은 이곳에 우연히 오지도 않았고
세상에 우연히 태어날 리도 없습니다."

- 1998년 5월 24일, ME서울대회 중에서

누구라는 의식뿐 아니라 그 별들까지 내 상상 속에 담을 수 있습니다.[12]

김 추기경은 설득을 넘어 카리스마 있게 선언한다.

   인간의 존엄성은 국가 권력으로 침범될 수 없으며 지체 부자유자나 식물 인간이라도 인간인 한에는 소중한 존재입니다.[13]

   완전한 인간이란 기준이 무엇입니까?〔…〕
   사지와 오관을 다 갖추고 있는 것이어야 한다는 것입니까?
   그렇다면 수족이 끊어진 불구자,
   썩어 들어가는 나환자는 불완전한 인간입니까?〔…〕
   인격의 주체일 때, 생물학적으로 아무리 불완전해도 인간입니다.[14]

하늘아래 '미완성' 생명은 없다.
아무리 불만스러워도 끔찍이 귀한 몸체시다.
안아주고 보듬어주어야 할 옥체요, 경탄해 드려야 할 광채다.

슬며시 냉장고 문을 열고
밖을 기웃거려보자.
그러다 나와 똑같은 표정들을 만나면
반갑게 웃어주자.
먼저 손을 내밀고,
감성의 스킨십도 나눠보자.

냉장고
문을 열고
나오라

우리 시대 슬픈 현실 가운데 하나가 외로움이다.
외로우니까 초라하고 왜소하게 느껴진다.
'소중하고 위대하다'는 말은 더 이상 나를 위한 수식어가 아니란 생각이 들 때도 있다.
김 추기경은 이 현상에 대해서도 안타까움을 금치 못한다.

'인생고'라고 하면, 우리는 가난, 질병, 근심 걱정, 죽음 등 고통을 떠올립니다.
그러나 근원적으로 보면, 고통이란 다른 것이 아닙니다. 사랑할래야 사랑할 사람도 없고 사랑받을 수 없는 고독, 자기폐쇄, 고립이 바로 고통입니다.[15]

이어 김 추기경은 당신 특유의 부드러운 예리함으로 고독의 심부를 가르고 그 출구를 찾는다.

"누구든지 나의 딱한 사정을 알면 분명히 나를 이해하고 동정할 것이다. 또 도와도 줄 것이다."
이런 생각은 오늘과 같이 각박한 세상일수록 누구나 더욱 가지게 됩니다. 오늘날은 점차 점차 도시화되어 갑니다. 사람이 사람들 물결 속에 살면서 모두가 점점 더 고독해집니다. 그래서 모두가 자기를 더 알아주었으면 하고 바라고 있습니다. 나도 그렇게 생각하고, 내 옆에 있는 사람도 그렇게 생각하고, 가정에서, 길에서, 버스 안에서, 직장에서 만나는 모든 사람이 이런 외로움에 지쳐 있습니다. 모두가 이 고독병에 걸려 있습니다. 소외감에 앓고 속으로 흐느끼고 있습니다. 현대인은 같은 병에 걸려 있습니다.

그렇다면 동병상련이라는 말이 있지 않습니까? 같은 병에 걸렸으니 서로 더욱 측은한 마음씨를 가져야지요. 그런데 그렇지 않습니다. 이유는 간단합니다. 모두가 자기만이 고독하고, 자기만이 소외되고, 자기만이 인정을 받지 못하고, 오히려 오해받고 있다고 생각하고 있습니다. 그래서 남을 믿지 않고, 남을 알려고도 하지 않고,

남의 입장이 되어 보려고 노력도 아니합니다.

마음의 문을 꼭꼭 닫고 스스로를 자아 속에 유폐시킵니다. 그래서 인간은 점차 자아라는 냉장고 속에서 얼어붙어 갑니다. 마음도, 정신도, 인간성 자체, 생명까지 얼어붙습니다. 구제책은 마음의 문을 여는 것입니다. 나뿐 아니라 남도 고독하다는 것을 이해하고, 남도 나와 같이 이해와 동정과 도움이 필요하다는 것을 인정하고, 자아를 벗어나는 것입니다.

부부 사이에, 부모 자식 간에, 형제 사이에, 같은 직장의 동료 사이에서부터 시작하여 이렇게 마음의 문이 열리면 사회 안에 해빙기가 움틀 것입니다. 우리 모두의 마음속에 따뜻한 봄기운이 움트기 시작할 것입니다.[16]

그동안 자신도 모르는 사이에 자아를 냉장고에 유폐시킨 채 살아왔을지도 모를 오늘의 우리들. 아니 마지막 남은 여린 온기로 혹독한 냉기를 견디다 못해 고독을 탄원하는 우리들.
저마다 출구를 모색할 때다.

슬머시 냉장고 문을 열고 밖을 기웃거려보자.

그러다 나와 똑같은 표정들을 만나면 반갑게 웃어주자.

먼저 손을 내밀고, 감성의 스킨십도 나눠보자.

그러다 보면 해빙이 되면서 내 얼어붙은 고독에도 말 그대로 '따뜻한 봄기운'이 돌지 않겠는가. 그러다 보면 슬슬 '외롭다'는 말도 부끄럽지 않게 내 입술에서 떨어지지 않겠는가.

매일
5분씩이라도

검색은 있어도 사색이 없는 세대!

첨단 IT의 이기로 정보는 더할 수 없이 풍요로워졌지만 사유할 줄 모르는 젊은 세대를 꼬집어 하는 말이다.

비단 젊은 세대만이랴. 사색과 성찰의 결핍은 이 시대 모두의 취약점이다.

김 추기경은 어디선가 들어본 듯하지만 꼭 필요한 것을 권유한다.

돈을 벌기 위해 살 것인가?
밥을 먹기 위해 살 것인가?
입신출세를 위해 살 것인가?
사랑을 위해 살 것인가? 〔…〕

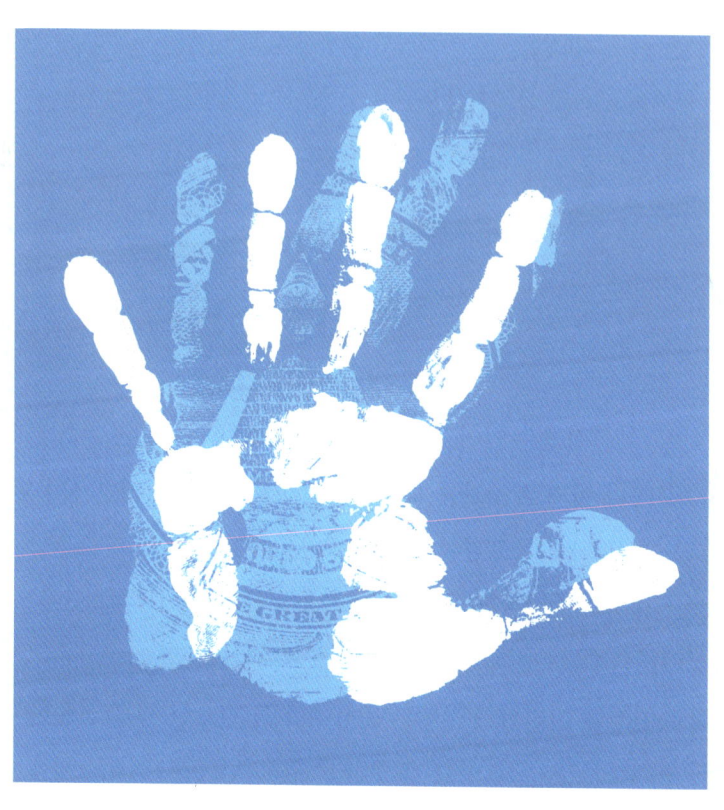

왜 사는지 인생의 의미를 아는 것은 참으로 중요합니다.
무엇 때문에 사는지도 모르고 있다면
그것은 어디로 가는 기차인지 모르고 남이 타니까
덩달아 자기도 타고 가는 사람과도 같습니다. 〔…〕

"무엇을 위해 살 것인가?"라는 질문에는 분명히 삶의 의미를 물으면서 동시에 사람이 사람답게 살기 위해서는 "어떻게 살 것인가?" 하는 뜻도 담겨 있습니다.
　우리가 사람인 이상 사람답게 사는 것이 보람도 있고, 의미도 있고, 기쁨도 있을 것입니다.
　사람답게 사는 길이 무엇일까 하고 만일 우리가 모두 매일 5분씩이라도 명상을 하며 산다면, 아침에 그런 생각을 하고 그리고 저녁에는 내가 과연 그렇게 살았나 반성하며 산다면, 세상은 훨씬 달라지지 않겠는가? 훨씬 더 인간다운 세상으로 바뀌지 않겠는가?[17]

굳이 아침저녁이 아니라도 좋을 것이다.
　길을 가다가도, 차 한 잔 마시다가도, 담배 한 모금 피우다가도, 화장실에 앉아서도 문득! 그럴 수라도 있다면야.

청춘이 시들면 민족이 시든다 · 나는 황국신민이 아님 · 혁명가가 되고 싶었습니다 · 흠모한 사람이 있다 · 정치가는 목자가 되어야 한다 · 권력이 필부의 마음속 의지를 빼앗지 못한다 · 고름 짜기 · 1등 국가가 되려면 · "너 죽고 나 죽자"는 공멸의식을 버려야 · 반드시 이루어진다 · 여기가 낙원입니다 · 진정 통일을 원합니까? · 진리는 평이하다 · 매스미디어에게 말한다 · 두 개의 저울 · 리더의 조건

3장
김 수 환 추 기 경 의 친 전

청춘이 민족입니다

신념 있는 사람은 사나이답습니다

청춘이
시들면
민족이
시든다

"청춘이 시들면 민족이 시든다."[1]

추기경 활동 초기에 한 말이다. 청춘에 대한 각별한 애정은 이후 일편단심, 한결같았다. 이 책을 인연으로 나와 함께 추기경의 친전을 받아온 이라면 즉시 고개를 끄덕일 것이다.

> 어느 대재벌 회사의 총수 한 분이 이런 말을 합니다. "내가 돈을 이만큼 모았는데 얻은 것이 무엇인가?" 하고, 자신을 향해 질문하게 된다고 말입니다.
> 우리는 지금 모든 이들이 자기 성취만을 위해 살고 있습니다. 그런데 자기 욕심을 달성하는 것을 '성취'라고 생각할 때, 그 결과는 이기적이고 자기중심적인 인간만이 나오게 되어 있어 이 사회는 삭

막해집니다. 〔…〕

요즘 젊은 세대들은 많은 좌절과 갈등을 느끼고 있습니다. 참으로 염려스럽습니다. 하지만, 젊은 세대들의 행동은 우리 자신이 뿌린 씨앗입니다. 기성세대가 미래의 희망이나 비전을 주지 못하기 때문입니다. 젊은이들과의 공감대가 사라지고 대화가 단절된다는 것을 느끼게 됩니다.

젊은이들을 '미래'라고 할 때, 현재와 미래의 단절은 역사의 단절을 가져올 것이므로 크게 우려됩니다. 모든 젊은이들이 자기 혼자이며 고립되었다고 생각할 때, 긴장관계를 가져 오고 타인과의 관계는 존재적(存在的)인 적대 감정을 갖게 될 뿐입니다. 위정자들을 비롯한 기성세대가 젊은 세대를 수용하지 않으면 안 됩니다.[2]

김 추기경은 젊은이들의 좌절과 갈등, 그리고 행동은 고스란히 기성세대가 뿌린 씨앗에서 비롯되었다고 누차 일깨운다.

"기성세대가 미래의 희망이나 비전을 주지 못하기 때문입니다."

그러므로 젊은 세대를 끌어안아야 할 것은 위정자들과 기성세대라는 것이다.

동성고등학교 전신인 동성 상업 을조반 시절(1936, 가운데)

나는
황국신민이
아님

소년 시절 김수환은 신부가 되려는 꿈보다 애국심이 들 끓는 학생이었다. 일제 강점기, 어머니의 권유로 신부가 되기 위해 지금의 동성 고등학교 전신 동성 상업 을조(신부가 되기 위한 코스)반에서 배울 무렵의 일이다.

동성 학교에 다닐 때의 일이었습니다. 선생님들이 수업 시간에 한일합방 때의 이야기를 많이 들려주었는데, 그럴 때마다 일기에다가 반일적인 이야기를 쓰곤 했습니다. 그 일기를 사감 신부님한테 들켜서 "야, 이놈아! 너 이래 가지고 어떻게 할래!" 하고 야단을 맞은 일도 있었습니다.

또 한번은 수신 시험을 보는데, '청소년 학도에게 보내는 일본 천황의 칙유를 받들고 황국신민으로서의 소감을 써라' 하는 문제가

나왔습니다. 그래서 나는 그 시험지를 받고
　'① 나는 황국신민이 아님
　② 따라서 소감이 없음'
이라고 써냈습니다. 그것 때문에 학교에서 쫓겨날 뻔했는데, 당시 교장이신 장면 박사님이 이해해 주시고 타일러서 괜찮았습니다.[3]

여기서 장면 박사는 훗날 우리에게 익히 알려졌듯이 제2공화국 내각책임제 총리가 된 인물이다. 어떻든 교장 장면은 문제아(?) 수환을 겉으로는 뺨을 때리며 호되게 질책했지만, 내심 나라를 위해 큰 인물이 될 재목임을 일찌감치 알아챘다. 그는 이 사건을 이런 식으로 처리하지 않으면 학교 존립자체가 위태롭기에 과잉조치를 취했던 것이다. 이 사건의 벌로 불안에 떨던 수환에게 주어진 것은 퇴학이 아닌 일본 유학의 기회가 주어졌던 것만 보아도 그렇다.

그건 그렇고, 소년 김수환의 창자에서 용솟음쳤던 저 뜨거운 애족심은 죽을 때까지 사위지 않고 그의 가슴에서 줄곧 흘렀다. 지상에서의 마지막 1년 잠을 이루지 못하고 끙끙대며 뒤척였던 까닭도 '황국신민'이 아닌 '대한국인'으로서 고뇌 때문이었지 않을까.

오늘 우리 시대에는 '애국', '민족적 자긍', '대한민국' 등 가슴 떨리게 하는 가치가 한물간 이념 정도로 대접받고 있다는 느낌을 떨칠 수 없다. 나, 내 가족, 내 직장 또는 내 사업…… 모두 '나' 중심을 끝내 넘어서지 못한다. 결국 나 스스로에게 발목이 잡히는 꼴이다.

한 걸음만 더 나가면 되는데. 그러면 '우리 사회', '우리나라', '우리 민족', 나아가 '우리 지구'가 될 텐데. 그 한 걸음이 천길 같다.

6월 항쟁 때 명동성당에서(1987. 6.)

혁명가가
되고
싶었습니다

일본 유학시절 청년 김수환은 심하게 정체성의 혼란을 겪는다. 신부의 길과 대한국인으로서의 길! 한꺼번에 둘을 모두 선택할 방법은 도무지 없었으니까.

동성 상업학교 을조가 신부 코스라고 해서 내가 사실 당시부터 신부가 되리라고 마음먹은 것은 아니었다.

우선 여성에 대한 동경이 없지 않았고 날이 갈수록 한 예비 신부로서는 고사하고 한 인간으로서도 부족함을 통감하게 됐기 때문이었다. '과연 나는 신부가 될 자질이 있는가?' 이에 대한 나의 대답은 항상 "아니다"였다.

고민 끝에 어느 날 프랑스인인 공벨 신부를 찾아가 심경을 털어놓으면서 "신부가 되기 싫다"는 의사를 밝혔다.

공벨 신부는 한참 동안 그윽한 눈빛으로 나를 쳐다보다가 입을 열었다. "신부는 되고 싶다고 해서 되는 게 아니고, 되기 싫다고 해서 안 되는 게 아니다"라고.

나는 두말 못하고 물러났으나 신부가 될 것인가에 대한 내면적인 갈등은 그 뒤 일본 유학(상지 대학) 시절에도 줄기차게 계속됐다.

더구나 당시는 이 나라가 일본의 식민지가 되어 있던 때라 신부 쪽보다는 이 나라 독립을 위한 투쟁에의 길이 훨씬 내 마음을 잡아 끌고 있던 때였다.

어느 날 학교에서 일본인 교수와 '일본의 식민지 정책'을 놓고 열띤 토론을 벌이고 있을 때, 평소 존경하던 독일인 교수 게페르트 신부가 손짓해 나를 불렀다.

"너, 혁명가가 될래? 아니면 신부가 될래?"

"민족이 나를 필요로 한다면 항일 투쟁에 나서야 한다고 생각합니다."

"너는 역시 신부가 돼야 해."

독일인 교수 게페르트 신부는 나중에 한국에 진출하여 1960년 서강 대학교의 설립을 이끈 인물이다. 김수환이 신부가 된 이후 독일 뮌스터 대학 유학을 추천한 것도 그였으니, 그는 김 추기경이 결코 잊을 수 없는 멘토였다 할 것이다.

"너는 역시 신부가 되어야 해."

이 말은 역설이었다. "신부가 되면 혁명가보다 더 큰 혁명을 할 수 있어!" 바로 이런 뜻이었다. 그리고 김 추기경은 당신의 생애로 이 패러독스를 입증하였다.

우리 시대 청춘들이 한 번쯤 머물렀으면 하는 대목이다. 아쉽게도 많은 젊은이들이 이 글로벌 시대에 개인적인 꿈, 작은 꿈을 꾸는 것으로 만족하고 있는 듯하다. 김 추기경은 일제 강점기에 민족의 꿈, 큰 꿈을 꾸었다. 그 간격을 우리는 어떻게 변명할 것인가. 시대가 변했다라고 치부하기에 오늘 우리의 꿈은 너무 초라하지 않은가.

흠모한 사람이 있다

김 추기경에게도 흠모하던 사람이 있었다.

가까이는 친형 김동한 신부를 존경했다. 그의 겸손과 사랑, 그리고 철저한 실천이 자랑스런 귀감이었다.

놓치지 말아야 할 것은 그의 존경인물 목록 앞순위에 독립운동가 도산 안창호 선생이 당당히 자리하고 있다는 사실이다.

> 안창호 선생님이 독립운동을 하실 때에 그 운동은 아주 고귀한 목적이지요. 그러나 그이를 더욱 존경하게 되는 것은 운동 상에 그가 취한 태도라 할까, 철학적 자세에 있다 할 것입니다.
> 어디까지나 진실을 바탕으로 해서 민족의 독립과 자주를 차지해야 된다고 그는 외쳤습니다. 지금 그 말씀을 그대로 제가 외우고 있는지 모르겠습니다만 "진리는 반드시 따르는 사람이 있고 정의는

군종 신부로 입대하는 김동한 형님 신부(오른쪽)와 함께
대구 주교관 앞에서(1951)

이룩될 날이 있다. 죽더라도 거짓이 없어라". 독립 투쟁을 한 분 중에서 저는 안창호 선생님 같은 분이 없다고 봅니다.

거기에 우리가 생각해야 될 것은 목적이 아무리 고귀하다 하더라도 목적에 달하는 과정이 고귀한 목적에 수반될 만큼 고귀하지 않으면 안 된다고 봅니다. 과정을 무시하고 과정은 어떤 과정을 써도 좋다. 이렇게 되면 큰 문제입니다. 목적이 수단을 정당화시킬 수는 없습니다.[6]

김 추기경에게 '진리', '거짓 없음', '진실', '정직' 등은 같은 말이다. 그는 상황과 대상에 따라서 이 말들을 골라 사용한다. 엄격한 의미에서 각각 조금씩 강조점이 다른 단어들이지만 실천을 염두에 둘 때는 서로 치환이 가능하기에 그런 것 같다.

여하튼 놀랍고 반갑다. 청년시절 내 마음을 사로잡은 것도 도산 안창호 선생이었으니 말이다.

정치가는
목자가
되어야 한다

김 추기경은 정치가들을 많이 만났다. 찾아가기도 하고 찾아오기도 하고, 예방을 받기도 했다. 어쩔 수 없이 정치가와 직무상 겹치는 영역도 적지 않았다.

> 정치 지도자는 양을 치는 목자와 같습니다.
> 진실된 목자는 양들과 고락을 같이하며
> 들판에서 밤을 새울 줄 압니다.

짧지만 많은 것을 말했다.
어쩌면 다 말했다 해도 틀리지 않을 것이다.
참 목자는 "양들과 고락을 같이 한다".
위기에 몰리면 목숨을 내놓고 양떼를 지키고,

장성 탄광에서(1985. 8. 27.)

여의치 않으면 "들판에서 밤을 새울 줄 안다".

지도자가 되려는 이라면 반드시 가슴에 새겨야 할 일침 아니겠는가. 김 추기경은 기회있을 때마다 보다 현장적인 언어로 지도자의 사명을 일깨웠다.

> 정치하는 사람들은 가난하고 약한 사람들, 즉 농민·노동자·도시 빈민 등에 애정을 가져야지요. 위정자들이 백성들의 눈물을 닦아줄 때 모든 어려운 문제가 해결될 수 있을 것입니다.[8]

> 어느 정치인이 나에게 "계속 좋은 말씀을 해 주십시오" 하기에 "내게서 들으려 하지 말고 국민이 무슨 생각을 하고 있는지 들으라"고 했어요. 정치도 국민의 소리를 들어야 거기서 가장 건전한 양식을 발견하게 돼요.[9]

이 지당하지만, 그 실현은 여전히 요원해 보이는 '한 말씀'은 세월을 무색케 하는 멘토링임에 틀림없다.

정치 경제 사회가 어렵고 혼란스러울 때일수록
멈추어 서서
우리 자신을 돌아봐야 한다.
멈추어 서서……

- 1991년 9월 8일, 특별대담 중에서 [10]

권력이 필부의 마음속 의지를 빼앗지 못한다

정치가 아닌 정치가 김 추기경의 정치이상은 무엇이었을까?

동양사회에서 전설처럼 전해 오는 한 이상적인 시대가 있다. 즉 요순시절이다. 그 시대에는 법이 없이도 사람들이 잘 살았고, 법은 고사하고 백성들이 나라의 통치자를 의식하지 않으면서 자유롭게 살았다.

요 임금이 어느 날 홀로 시골 마을에 가 보았다. 밭에서 노래를 부르며 일하고 있는 한 농부에게 넌지시 "당신은 우리나라 임금이 누구인지 아시오?" 하고 물어 보았다. 농부는 무심히 대답하기를 "우리야 해 뜨면 집에서 나오고 해 지면 집으로 들어가고, 우물 파서 물

마시고 밭 갈아 밥 먹고 사는데 임금이고 뭐고 상관할 게 뭐 있소?" 하였다. 요 임금은 비로소 자신의 정치가 어느 정도 잘 되어 가고 있음을 확인한 셈이 되어 흐뭇해 한다.

 너무 엄격하고 복잡한 여러 가지 법률이 세상 사람들을 얽어매는 것이 오늘의 세태라고 생각된다. 법뿐이 아니라 내세워지는 여러 가지 명분의 과잉, 미사여구의 과잉도 사람들을 싫증나게 하고 가치관에 무감각해지게 하며 불신풍조를 조성하고 있는 것 같다. 사랑, 정의, 복지 이런 말들이 선전용으로 남발될 때 사람들은 허탈 속에서 사회를 느끼게 될 것이다.
 조용히 인간적인 진실이 소통되어 나가는 사회를 상상해 본다.
〔…〕
 이른바 권력이라는 것에도 이 부드러움의 생명력을 불어 넣어야 한다. 수많은 사람들이 어울려서 사는 사회에서 질서를 유지하기 위해서는 공권력이 필요하게 된다. 그러나 이 권력은 기계적인 것, 억압적인 것이 되어서는 안 된다.
 무력은 싸움에서 이겼을 때 적장을 사로잡아 빼앗을 수 있다. 그러나 그 무력이 필부의 마음속 의지를 빼앗을 수는 없다.[11]

사실 김 추기경의 이상은 너무 멀리 가 있는 느낌이다. 현실에 비출 때 괴리감이 얼핏 느껴지기도 한다. 그럼에도 김 추기경의 비전은 여전히 매력적이다.

"법치(法治)보다는 덕치(德治), 권모술수보다는 진실!"

한마디로 '오래된 미래'의 그림이다.

정치이상의 고전이다.

고전이 무엇인가? 시대가 변해도 퇴색되지 않고, 한결같이 유효한, 불멸의 진리를 담고 있는 교과서라는 뜻이다.

안다고 덮을 수 없으며, 쉽다고 외면할 수 없으며, 진즉 행했다고 자만할 수 없는 가르침! 이것이 김 추기경의 담백한 레토릭이 지닌 힘이다.

고름
짜기

높은 데서 보면 다 보인다.

김 추기경은 언제나 스스로를 낮추려 했지만, 그의 관심 레이더망은 수평에서 수직, 대한민국의 모든 단층을 커버하고 있었다.

그랬기에 걱정도 많았다.

> 오늘의 우리 현실은 하나의 병든 환자와 같습니다.
> 혁명이나 사회 개혁은 이 환자의 치료에 비유될 수 있습니다.
> 그런 의미에서 '의사 지바고'의 이야기는
> 매우 시사하는 바가 많습니다.
> 외과 의사와 같은 냉혹한 치료만이 살아날 수 있습니다.
> 전신 마비 단계에 이르기 전에 우리는 곪은 곳을 수술해야 합니다.
> 나는 이런 원리를 '고름 짜기'라는 시로써 노래했습니다.[12]

김 추기경의 애송시, 문병란 시인의 「고름 짜기」의 전문은 좀 길다. 그의 육성 낭송을 들어보자.

고름 짜기

어릴 적 고름이 든 종기를
나는 아파서 끙끙대며
만지기만 하고 짜지를 못했다.
고름은 피가 썩은 것이고
고름은 결코 살이 안 된다고
어머니는 감히 선언하셨다.
손만 살짝 닿아도 엄살을 떠는 내게
어머니께선 악창까지 나와야 낫는다고
발끈 눌러 버렸다.
전신의 충격, 눈알이 아리면서
마침내 종기는 터지고
피고름과 함께 뿌리가 뽑혔다.
썩은 고름이 빠진 자리에
새 살이 차고 다시 피가 돌고

마침내 상처는 깨끗이 나았다.
종기가 무서워 슬슬 만지며
고름이 아까워 버리지 못하는 겁쟁이.
살이 썩고 피가 썩고
마침내 온몸이 썩을 때까지
우리는 아프다고 바라만 볼 것인가?
슬슬 어루만지거나 하며
거죽에 옥도정기나 바르며
진정으로 걱정하는
어머니의 손길을 거부할 것인가
언제까지나 고름을 지니고
이 악취, 이 아픔을 견딜 것인가?
고름은 피가 되지 않는다.
고름은 살이 되지 않는다.
어머니는 자꾸만 외치고 있구나![13]

여기저기서 고름덩어리들이 둥지를 틀고 있다.
더 깊게 패어 들어가기 전에 용단이 필요하다.
김 추기경의 걱정이 우리의 한숨이 된다.

1등 국가가 되려면

금메달 13개, 은메달 8개, 동메달 7개. 종합 5위. 지난여름 있었던 런던 올림픽에서 대한민국이 거둔 성적이다. 모두가 박수갈채를 보냈다.

더욱 반가웠던 것은 지난날과 달리 국가대표 선수 한 명 한 명의 노력과 노메달 선수들의 스토리에 국민들이 더 열광하였다는 점이다. 이를 두고 어느 학자는 '높아진 사회적 성숙도를 단적으로 보여주는 것'이라 말했다. 썩 희망적인 일이다.

그 모든 흥분을 생각하면 아직도 가슴이 뛴다.

김 추기경 역시 누구보다 뜨겁게 환호했을 것임을 의심치 않는다. 하지만 김 추기경은 욕심이 더 컸다.

우리나라는 많은 부문에서 세계 1위를 자랑합니다. 정보 기술(IT)

사회자:

이 시대를 살아가는 우리들에게 '참다운 삶의 자세란 어떤 것인가' 한 말씀 부탁드립니다.

김 추기경:

오늘날 우리나라에 사회 정치 경제내외 등 사회전반을 볼 때
절실히 필요하다고 느끼는 것은 정직과 성실입니다.
현재 우리가 옆에 있는 일본하고 비교하더라도
일본보다 많이 뒤떨어져 있겠죠.
그러나, "한국인은 정직하고 성실하다"라는 소리를 듣게 된다면,
이제부터라도 우리는 분명히 일본을 어느 날 따라 잡을 날이 올 겁니다.

반대로, 우리가 비록 현재 가진 게 있다 할지라도
정직하고 성실하지 않으면 우리는 가진 것을 다 잃고 말 것입니다.
정말 정직하고 성실하게……
이보다 값진 것은 없습니다.

- 1991년 9월 8일, 특별대담 중에서 [14]

강국으로 부상한 것이 한 예입니다. 조선, 반도체, 철강, 자동차 등 여러 산업 부문에서도 우위를 보이고 있습니다.

스포츠 무대에서도 '작은 고추'의 매운 맛을 통쾌하게 보여줍니다. 지리적으로 아시아 변방의 작은 나라에 살지만 강인하고 뛰어난 민족입니다. 특히 우리 민족은 밟혀도 밟혀도 다시 일어서는 끈기와 저력을 갖고 있습니다. 조물주는 이 민족에게 좁고 척박한 땅을 주신 대신 뛰어난 머리와 끈기를 허락하셨습니다.

그러나 참으로 뛰어난 민족이 되려면 도덕 및 윤리지수가 1위라야 합니다. 아무리 외국어 실력이 뛰어나고 과학 기술을 많이 갖고 있더라도 정직하고 성실하지 않으면 세계화 경쟁에서 이길 수 없습니다. 적어도 세계인들 앞에서 고개를 들기 힘든 부끄러운 짓은 하지 말아야 합니다.

'한국 사람은 믿을 수 있다', '거짓말을 안 한다', '법을 잘 지킨다', '이주노동자를 차별하지 않는다', '생명을 소중히 여긴다', '어려운 사람을 도우면서 산다'는 인정을 받아야 진정한 1등 국가입니다.[15]

백번 공감한다.
우리끼리 키높이를 재고, 자랑스러워하고, 만족해하는 것으로는 부족하다.

저들이 스스로 그리고 저절로 존경하는 국민이 될 때 진정으로 1등 국민이 되는 것이다.

김 추기경의 깨알 잔소리는 그리로 가는 지름길을 일러준다.

"비록 멀더라도 지름길은 지름길입니다!"

진짜배기 금메달. 김 추기경의 시종여일한 사색의 주제였다.
그 바통을 넘겨받을 자는 이제 누구인가?
공연히 남에게 묻지 말고 스스로에게 방향을 돌릴 일이다.

이 대목에서, 사족이 되겠으나, 민족의 미래를 위한 김 추기경의 범상치 않은 예지를 소개하고 싶어진다.

우리 국민의 끈기랄까, 사회의 내구력(耐久力)에 대해서는 우리의 체질에 관한 엉뚱한 제안을 하고 싶다. 웃어넘겨도 좋은 일이지만 "김치를 적게 먹자"는 것이다. 김치는 우리가 세계를 석권할 수 있는 식품 문화임이 분명하지만 짜고 맵다는 것이 특징이다. 자극성이 있는 음식을 좋아한다는 것은 자극과 변화를 추구한다, 끈기가 없다, 싫증을 잘 낸다는 특성과 통한다. 몇 세대에 걸쳐 우동집을 지키는 전통 명가가 우리에게는 없다. 우리는 20세까지는 모두 수재다. 일제 때 일본에 유학했더니 별로 공부하지 않았는데도 우등생이 되더라. 미국에 다녀 보니 유명고에서 1등, 시에서 1등, 주에서 1등 하는 한국계 학생이 수두룩했다. 문제는 20세를 지난 뒤다. 중국인, 일본인은 노벨상 수상자가 많이 나오나 우리는 아직 없다. 세계에서 "이 사람이 아니면 안 되는 사람"에 한국인이 많이 나오도록 끈질긴 지구력을 더 길러야 한다고 생각한다.[16]

나라사랑이 물씬 묻어나는 고언! 한국 기초과학 연구를 주도적으로 이끌고 있는 국제과학비즈니스벨트 기초과학연구원 원장 오세정 서울대 교수의 전문가적인 식견과 맥을 같이하는 쓴소리다.

인생을 100m 달리기하듯 단기 목표를 향해서만 전력 질주하며 살고 있는 것이 우리들의 모양새가 아닌가 반성해 본다.

마라톤 경주에 임하는 자세로 '끈질긴 지구력'을 기르고 발휘하는 인재들이 하나씩 둘씩 늘어날 때, 국가 경쟁력이 알차게 상승할 것은 자명한 일 아니겠는가.

"너 죽고 나 죽자"는 공멸의식을 버려야

확실히 한국인은 다른 민족이 지니지 못한 장점이 많다. 정도 많고, 두뇌도 뛰어나고, 손재주도 탁월하고, 게다가 정신력도 출중하고······.

하지만 청산해야 할 고질적인 단점들도 많다. 토론할 때 지나치게 감성적이 되기 쉽다거나, 유행에 민감하다거나, 역사의식이 부족하다거나 등등. 부인할 수 없는 약점들이다.

김 추기경은 그 중 결정적인 폐악을 지적한다.

남미에서 들은 이야기입니다. 동양 사람들을 오랫동안 사귀어 온 한 유다인이 중국인, 일본인, 한국인을 다음과 같이 논평하였습니다. 중국인들은 어디를 가든지 "너 살고 나 살자"는 상생의 정신으로 서로 도우며 뭉쳐 번영을 누리는데 비하여 일본인들은 필요하면

"너 죽고 나 살자"를 택할 수 있고 한국인은 한결같이 "너 죽고 나 죽자"로 함께 잘 사는 공생이 아니고 공멸의 길을 가고 있다는 것입니다. 바로 이 같은 한국인의 자기만을 생각하는 주장은 자기만을 앞세운 나머지 남은 형편없이 깎아 내리기를 일삼은 이번 선거전에서도 잘 나타났습니다.

지금 우리는 이른바 새 천년, 새 시대를 맞이하였습니다. 정보화와 세계화 속에서 시장 경제의 원리에 따라 치열한 경쟁이 있을 수 있고 그것은 자칫 약육강식과 부익부 빈익빈의 불행을 초래할 수 있습니다. 이런 현상은 우리 사회 안에 이미 나타나고 있습니다. 우리는 이런 세계 속에서 나라의 번영도 구하고 분단 조국의 벽을 넘어 평화 통일의 기틀을 마련해야 합니다.

새 시대는 우리에게 절실히 요구합니다. 정부는 참으로 국민과 국가를 위한 정치를 펴고, 여·야는 초당적인 입장에서 대화를 통하여 서로를 이해하고 양보와 협력을 하도록 요구하고 있습니다. 또한 지역 간, 계층 간에도 고질병인 지역감정이나 차별을 넘어 하나 되기를 요구하고 있습니다. 새 시대는 모든 현상이 다툼과 분열로는 아무것도 얻을 수 없다는 것을 분명하게 말하고 있습니다. 한

마디로 우리는 여야가 협력할 줄 모르고 동·서가 화합할 줄 모르면서 남북의 평화 통일을 기대할 수는 없습니다.[17]

중국인은 '너 살고 나 살자' 식, 일본인은 '너 죽고 나 살자' 식, 한국인은 '너 죽고 나 죽자' 식! 나도 뉴욕에서 들었다. 듣고 고개를 많이 끄덕였다.

물음이 생긴다. 도대체 이런 사고방식은 어디에서 온 것일까? 한반도의 지정학적 풍토가 빚어낸 기질인가, 아니면 역사적으로 습득된 것인가? 연구 대상이다.

어떻든, 이 몹쓸 공멸의식은 오늘 우리 사회에 그대로 투영되어 나타나고 있다.

이러니저러니 그래도 경제인들은 비교적 선진국들과 교류를 하면서 '너 죽고 나 살자'의 고개를 넘어 '너 살고 나 살자'의 문턱에 가까워지고 있다.

그러나 안타깝게도 정치인들은 '너 죽고 나 살자'의 산마루에서 헐떡거리고 있다는 느낌을 지울 수 없다. 그렇다고 퇴보하고 있는 것도 아니다. 다만 걸음이 더딜 따름이니 인내로써 기다려줄 일이다. 아무리 실망스러워도 기성정치판 자체를 부인하는 것은 이 첨예한 전문화의 시대에 '전문성'을 포기하는 어리석음이라고 보이기 까닭이다.

반드시
이루어진다

김 추기경은 꿈의 사람이었다.

소박하건 거창하건 그의 곁을 지켜준 것은 꿈이었다. 민족의 미래와 관련해서도 그랬다.

1976년 미국에서 열린 세계성체대회에 참석했을 때였는데, 이 회의에서 브라질의 헬더 카마라 대주교[18]가 한 말이 퍽 인상적이었습니다. "한 사람의 꿈은 꿈으로 남을 수 있지만, 3백만의 꿈은 현실 안에 있다"고.

왜 '3백만의 꿈'이라고 했는지는 잘 모르겠습니다만, 내가 생각할 때에는 3백만이 안 되어도 좋다, 30만이나 3만이면 어떤가. 한 사회에서 누군가 먼저 꿈을 가지고 있고, 그 꿈이 전파되고 점차 확대되어 모든 사람의 꿈이 될 때에는 분명히 현실화 된다고 생각합니다.

여기서 '꿈'이란 말은 인간다운 인간 사회, 정의롭고 진리에 바탕을 두고 서로 사랑할 줄 아는 그런 사회를 건설해 보자는 꿈입니다.

우리도 우리의 여러 가지 상황에서 좌절할 것이 아니라, 분명히 꿈을 가진 사람이 많다는 것을 알아야겠고, 교회가 그 촛불을 밝혀야 합니다.

꿈이란 것은 설명이 필요 없고, 이론적인 체계를 세울 것도 없습니다. 〔…〕 너무 감상적인 이야기일지 모르지만, 그러나 '꿈을 한 번 같이 가져 보자'고 말하고 싶습니다.[19]

한 때 호소요 초대였던 이 말씀의 효력을 우리는 이미 여러 차례 경험했다.

경제 부흥, 민주화, 월드컵 축구 4강, 한류 문화 등등…….

하지만 김 추기경의 메아리는 새로운 꿈의 도전에로 우리의 등을 밀어준다.

"한 사람의 꿈은 꿈으로 남을 수 있지만, 3백만의 꿈은 현실 안에 있습니다!"

요즈음 꿈에 대한 지식인들의 시각이 좀 삐딱해진 것이 사실이다. 이른바 국민 멘토라 불리는 유명 인사들은 꿈을 독려하기보다는 생존환경이 점점 열악해져 가는 현실 앞에 꿈꾸기를 두려워하는 젊은 이들을 위로하는 데 급급하다.

나는 정반대로 생각한다. 그럼에도, 그럴수록, 그렇기 때문에 꿈을 꾸어야 하는 것이다. 김 추기경이 저렇게 '꿈을 한번 같이 가져 보자'고 제안했을 때, 당시 상황은 아예 '꿈'이란 말이 '가당치 않은 일'로 치부될 때였음을 기억할 일이다.

여기가
낙원입니다

김 추기경은 거대담론, 추상적인 이념논쟁을 싫어하였다. 그의 문제의식은 늘 구체적이며 현장적이었다.

호주를 방문했을 때 우리 교민들이 들려준 이야기 중에 "여기가 지상낙원입니다"라는 말이 가장 인상 깊었습니다. 브리스번과 시드니는 참으로 아름다운 도시입니다. 하늘, 땅, 바다, 공기가 아주 깨끗하고 맑고 푸르렀습니다. 그런데 교민들이 "여기가 낙원입니다"라고 말한 데는 더 중요한 이유가 있었습니다.

교민들 말이 호주에서(뉴질랜드에서도) 가장 소중히 여기는 존재는 어린이들이랍니다. 그 다음이 장애인, 노약자, 부녀자, 그 다음이 동물, 그리고 남자 이런 순서랍니다. 남자가 맨 끝에 온 것은 남자

를 천히 생각해서가 아니라 남자는 앞선 이 모든 사람들, 심지어 동물까지도 아끼고 보호해야 할 책임을 누구보다 먼저 지고 있는 사람들이기 때문이 아닌가 생각합니다.

 이 말을 듣고 감동했습니다. 또 응급환자나 교통사고로 다친 이가 병원에 실려 오면 우선 치료부터 하고 돈은 그 다음이라고 합니다. 이렇게 사람을 우선시하고 어린이를 비롯해 약한 사람들을 사랑하고 보호하는 마음이 참으로 아름답게 느껴졌습니다. 이런 가치관이 한 사회를 아름답게 보존하고 발전시키는 저력이라는 생각이 들었습니다.

 여기에 비춰 우리는 어떠합니까? 우리도 같은 가치관을 가졌다고 말할 수 있습니까? 우리나라는 사람이건 동물이건 생명을 아끼지 않는 나라가 아닌가 생각합니다. 장애인에 대한 편견, 응급환자에 대한 병원 대처, 외국인 노동자 인권 유린 등 모든 것이 아직도 부족합니다.

 언젠가 네팔 출신 외국인 노동자들이 명동성당에서 여러 날 농성하며 자기들을 고용한 한국 기업들로부터 겪은 비인간적 학대에 대해 항의한 일이 있었습니다. 그때 그들의 이야기를 듣고는 너무나 마음이 아프고 분노가 일어 청와대에 전화를 걸었습니다.

"이런 비인간적인 외국인 대우는 정의에 어긋날 뿐 아니라 우리나라 체면도 실추시키고, 세계화를 부르짖는 대통령 외침과도 어긋나는 일입니다. 세계화를 하려면 국내에 들어와 있는 외국인부터 인간답게 대할 줄 알아야 합니다." [...]

문제의 근본은 언제부턴가 우리가 수전노처럼 돈만 아는 사람이 된 데 있습니다. 한국 사람들은 부지런히 일해 돈을 벌었지만, 돈이 좀 있다 하여 없는 사람들을 업신여기는 경향이 있습니다. 이 같은 태도를 고치지 않고는 21세기 도전에 대처할 수 없습니다. 한국인의 장점을 모르는 바 아닙니다. 우리에게는 밟혀도 다시 일어서는 끈기와 저력이 있습니다. 그 어려운 환경에 처해도 시련을 극복하고 당당히 일어섭니다.

그러나 우리가 진정 세계화 시대의 일원이 되고, 선진국과 어깨를 나란히 하려면 남을 존중하고 위할 줄 아는 인간이 되어야 합니다. 그것이 인간다운 인간입니다.[20]

그렇게 너그럽다가도 약자 편에 설 때는 불같았던 김 추기경!

때로 열정은 분노가 된다.
특히 병자, 외국인 근로자, 철거민을 사랑했던 김 추기경!
참 사랑은 필히 편애가 되기 마련이다.

이 점 역시 오늘의 위정자들이 배워야 할 덕목이 아닐까.

진정
통일을
원합니까?

김 추기경은 북한 주민을 늘 당신 양떼로 여겼다. 직무상 서울대교구 교구장직은 평양교구장직을 수행하도록 되어 있기도 했다. 이와 관련하여 추기경은 이런 말을 한 적이 있다.

> 내가 평양교구의 교구장이므로 북한의 김일성 주석은 나의 '어린양'이 되는 셈입니다. 따라서 목자가 양을 잘 다스릴 줄 몰라서 오늘날 같은 상황이 벌어지고 있습니다.[21]

아무튼 통일은 노심초사 그의 염원이었다.

> 지난 연말 언젠가 TV를 보니 중국으로 돌아가고 있는 한 아주머

니는 여기서 겪은 설움에 한이 맺혀 다시는 조국이라고 찾아오지 않겠다고 하였습니다. 돈은 이렇게 동족 사이의 동족애도 말살시키고 맙니다.

어제 K대 총장님께서 제게 오서 말씀하시는데, 연변 동포들이 겪은 이런 이야기들이 그대로 북한 동포들에게 전달되어서 북한에서는 그런 남한과는 절대로 통일할 수 없다는 인식이 번져가고 있다 합니다.

총장님이 북경 대학에 갔을 때 만나게 된 북한 유학생들은 "우리는 남조선이 우리보다 잘사는 줄 압니다. 그러나 듣자 하니 남조선 사람들은 돈만 알지 같은 동족까지도 노예처럼 부려 먹으려 한다던데 그런 남조선 사람들과는 절대 상종하고 싶지 않습니다. 우리는 못살아도 인간 품위는 잃지 않고 우리대로 살 것입니다" 라고 하더랍니다.

오늘날 우리 사회는 물질주의, 황금만능주의로 깊이 병들어 있습니다. 그것은 우리를 비인간화시키고 있습니다. 뿐만 아니라 동족 사이도 불신과 이질감을 더욱 조장시키고 있습니다. 더 나아가 통일의 가능성을 더욱 희박하게 만들고 있습니다.

만일 우리가 지금보다 비록 못산다 하더라도 참으로 이웃을 사랑할 줄 안다면, 그리하여 한국 사람들은 이웃의 가난과 고통을 나눌 줄 알고, 친절하고 인심 좋고 동족애가 깊은 곳으로 인식되면, 그래서 연변 동포들이 여기서 이를 체험해 가고 그것이 다시 북한 동포들에게 전달된다면 오늘날 굶주림에 시달리고 있는 북한 동포들로 하여금 우리와 합하고 싶은 열망을 더욱 크게 갖도록 할 것이며 통일을 보다 쉽게 이룩하지 않겠습니까?

사실, 우리가 그런 사랑을 나눌 줄 안다면 통일 비용은 문제가 안 됩니다. 우리가 현재보다 국민 소득이 낮다 해도 함께 나눌 줄 안다면 모든 어려움을 극복하고 훌륭하게 경제 발전을 이룩할 수 있을 것입니다.[22]

먼 듯 가까운 듯 보이는 통일 시대를 준비하는 또 하나의 길을 김 추기경은 간곡히 제시하고 있다.
위정자는 실속 있는 정치쇄신으로, 국민은 깨달음과 실행으로, 반드시 가야 할 길이다.

세계화를 외치면서도, 정작 가장 가까운 한 나라 갈라진 민족을 우리는 너무 쉽게 망각하고 있지는 않은가. 무엇이 진정한 글로벌일까.

마더 데레사 수녀 방한 때(1981)

진리는
평이하다

고수가 고수를 알아본다.

세기의 멘토, 캘커타의 마더 데레사와 가장 통하는 구석이 있는 인물 가운데 한 사람이 김 추기경 아닐까 싶다.

1981년 데레사 수녀님이 처음 한국에 오셨을 때, 어떤 기자가 수녀님께 이런 질문을 던졌습니다.

"왜 오늘같이 물질적 발전이 큰 시대에도 가난한 자들의 문제가 있습니까?"

이에 수녀님은 "그것은 우리가 사랑으로 나누지 않기 때문입니다"라고 하셨습니다.

기자는 이어서 "가난의 문제는 어떻게 해결될 수 있겠습니까?" 하자, 수녀님은 간단히 "서로 사랑하고 나누면 가난의 문제는 해결

될 것입니다" 라고 하셨습니다.

얼마나 분명한 답입니까? 가난뿐 아니고, 인간 사이 또는 나라 사이의 갈등과 분쟁의 문제도, 우리나라의 통일까지도 사랑의 정신으로 산다면 해결될 것입니다.

평화의 문제도 이와 같습니다. 평화가 없는 것은 우리가 서로 나눌 줄 모르기 때문입니다. 가진 자가 가지지 못한 자와 나눌 줄 모르고, 부자 나라가 가난한 나라와 나눌 줄 모르기 때문에 혼란이 끊이지 않는 것입니다.

우리는 평화를 지키려면 힘이 있어야 한다고 말합니다. 일면 타당한 생각입니다. 그러나 무력에 의한 힘의 균형은 참평화가 아닙니다. 머리맡에 총을 놔두고 자야 안심할 수 있는 게 어떻게 평화입니까? 그것은 죽음과 침묵의 평화입니다.

참평화는 모든 인간이 천부적 존엄성을 지닌 인격체로서 자유를 누리는 상태를 말합니다. 육체만이 아니라 정신적으로도 인간답게 숨 쉬고 있는 상태입니다.

한자 平和(평화)를 잘 살펴보십시오. 벼(禾), 즉 밥이 모든 입(口)에 골고루(平) 들어가는 것을 뜻합니다. 참평화를 얻으려면 고루 나눠야 합니다. 가진 것뿐 아니라 기쁨과 슬픔, 고통도 나눠야 합니다. 결국 서로 사랑하는 것이 평화의 지름길입니다.[23]

진리는 평이하다. 때론 단순하고 때론 쉽다.

김 추기경에겐 마더 데레사가 노상 해왔던 저 싱거운 말이 예사롭게 들리지 않았다.

"서로가 나누면 됩니다!"

허긴, 실천가에게는 습관적인 이 말이 종교지도자에겐 참평화의 묘책이 되고, 정치가에겐 국민행복을 지향한 첨예한 정책 대결의 핵심이 되지 않는가. 그러니 촌철살인 아닌가.

매스미디어에게 말한다

김 추기경은 매스컴의 힘과 본령을 누구보다도 더 잘 알고 있었다.

그 자신이 매스미디어의 집중 조명을 받았고, 매스미디어와 가장 접촉을 많이 했던 국민 스타였기 때문이었다.

김 추기경은 말한다.

언론은 진리의 증거자로서 그 시대 정신을 드높이고, 밝은 사회의 앞날을 열어 주고, 인간에 대한 사랑을 심어주는 본연의 역할을 다하는 것이 무엇보다 중요합니다.[24]

너무 뻔해서 건성으로 듣기 쉬운 주문이다.
하지만 과연 오늘의 매스미디어는 그러한가? 그가 누가 되었건 언

기자들의 플래시(1992. 6. 1.)

론인 종사자라면 부끄러워지지 않을 수 없을 것이다.

  김 추기경은 애절하게 호소한다.

> 매스미디어가 끝까지 지켜야 할 가치가 무엇인가. 한마디로 뚜렷이 말하기는 어렵지만, '인간에 대한 사랑'이라 말하고 싶습니다.
> '인간'이 무엇인지를 알고,
> '인간'으로 존경하고 사랑할 줄 아는 것,
> 글을 쓰든 시를 쓰든 참으로 '인간'을 사랑하는 데서 우러나오고,
> '인간'을 아름답게 키워 주기 위해 봉사하는 것,
> 이것이 끝까지 지켜야 할 가치가 아닌가 생각합니다.[25]

  온갖 욕설, 비수가 장착된 말표창, 진리의 편이 아니라 당리당략의 편을 드는 궤변, 온갖 왜곡, 허위, 음해가 판을 치는 보도 행태, 일부 그릇된 언론인들의 각성을 촉구하는 충정이다.

  꼭 언론인이 아니더라도 SNS를 활용한 1인 미디어 시대를 살아가는 우리네 언어문화의 성찰을 독려하는 충언이다.

두 개의 저울

우리는 아전인수격으로 생각하는 데 익숙하다.
특히나 정치인은 이런 타성에서 더 자유롭지 못한 것 같다.
김 추기경은 이 현상을 꿰뚫어 인간 안에 내재된 악의 뿌리를 본다.

우리는 자신의 죄를 다는 저울과 타인의 죄를 다는 저울 두 개를 갖고 있습니다.

같은 잘못을 두고도 자신이 저지른 것은 이런저런 이유와 변명을 대어 가볍게 하려고 듭니다. 반면 남의 잘못은 호되게 비판하거나 적어도 속으로 단죄해버립니다.

단점도 자기 것은 남이 이해해 주기를 바라면서, 남의 것은 지적하고 비판하려고만 합니다. 이것이 바로 우리 안에 있는 원죄의 뿌리입니다.[26]

여기서 '원죄의 뿌리'라는 표현은 괜히 나온 말이 아니다.

인류 최초의 인간 아담과 이브가 금단의 열매를 따먹은 후 서로에게 책임을 전가했다는 태곳적 이야기에서 비롯된 예지다.

그건 그렇고 요지는 무엇인가. 바로 자신의 책임을 회피하지 말라는 말이다. 이는 현대 심리학의 첨단 깨달음과 일치하는 참으로 귀한 지혜다.

성숙한 인격은 객관적 사실에 입각하여 이렇게 고백할 줄 아는 용기가 있다고 하니 말이다.

"이것은 내 책임이다!"

리더의
조건

　　소신과 신념!

청춘의 가늠자다. 나이에 상관없이 '신념'이 있다면, 그는 아직 청춘이다.

신념은 내가 줄곧 퍼트리고 있는 '무지개 원리' 4번째 법칙이기도 하다.

김 추기경은 이 신념을 모든 리더들에게 꼭 필요한 덕목으로 꼽고 있었던 듯하다.

> 신념 있는 사람은 사나이답습니다. 그러기에 진리와 정의 앞에 겸손하며 사랑에 성실하나 비굴한 타협을 모릅니다. 진리와 정의를 사랑하기 때문에 옳은 일에는 나 혼자서라도 주저함 없이 투신합니다.

선하고 의로운 일에 투신하는 사람은 외로움까지도 포용해야 할 때가 있음을 의식하고 있으며, 막상 고독의 소용돌이 속에서는 자기 자신의 실존을 송두리째 의식합니다. 결국 나만이라도 이 일을 하고 이 고독한 길을 유유히 걸어가는 이유가 나는 나 자신이기 때문임을 깨닫게 되는 것입니다.

　나에게 주어진 지금과 여기에서 나만이 할 수 있는 만큼을, 나는 이 사회와 이 나라와 이 겨레와 교회에 바치는 보람을 느끼게 되는 것입니다. 이러한 체험을 하는 이에게는 "왜 나 혼자서……"라든가 "왜 내가……?" 따위의 질문이 대답 없이 되풀이 되지 않습니다. 신념 있는 사람에게는 오히려 "나만이라도……" 또는 "나니까……"의 태도로 절망의 벽을 뚫고 나아가는 힘이 있는 것입니다. 〔…〕

　참된 신념이 적극적이고 건설적인 데 반하여 그릇된 신념은 광적이고 파괴적입니다. 참된 신념은 자기 자신의 한계성을 뼈저리게 실감하면서도 자신의 소중함을 일깨워 주지만, 그릇된 신념은 자기 자신을 한없이 들어 높이고 자기보다 우월한 자를 보면 불안과 공포에 떨게 합니다.[27]

이 아름다운 신념론은 김 추기경의 한평생 체험에서 싹튼 것 같다.

그는 한평생 '참된 신념'과 '거짓된 신념'의 싸움을 목격해 왔을 터다.

이 관찰을 그는 그의 철저한 성찰과 냉정한 자성으로 연마하여 이처럼 뼈 있는 친전으로 전하고 있으니, 다시 김 추기경이 그리워진다.

상처 입은 치유자가 되다 나는 고독했다
도망치고 싶었다 30년 고질병 불면증
나는 질투한다 나의 자성 바보야 나
는 두 가지 말을 잘 합니다 나는 죄인입
니다 애송시 '서시'를 차마 읊을 수 없다

4장
김수환 추기경의 친전

상처 입은 치유자

:
:
서시(序詩)를 매우 좋아하지만 감히 읊어볼 생각을 못했다.
하늘을 우러러 부끄러운 게 많아서 그런 것 같다

:
:

상처 입은 치유자가 되다

자신이 먼저 상처를 입지 않은 자는 남을 치유할 수 없다.

자신이 먼저 고통의 터널을 통과하지 않은 사람은 남들에게 고통의 출구를 찾아주는 멘토가 될 수 없다.

자신이 먼저 절망의 질곡에 빠져보지 않고서는 결코 희망의 메시아가 될 수 없다.

탄탄대로를 승승장구한 사람은 부러움 사는 인물은 될 수 있을지언정, 존경받는 큰 인물은 될 수 없다. 지도자에게는 시련 극복의 내공이 필요하기 까닭이다.

김 추기경은 이 당연한, 그러나 사람들로부터 곧잘 무시당하는 원리를 이렇게 풀어 가르쳐 준다.

『상처 입은 치유자』라는 책에 보면, 마지막 장에 이런 대목이 있습니다. 어떤 유다교 랍비가 엘리야 예언자에게 가서 "메시아는 언제 오십니까?"라고 물었습니다. 엘리야는 "네가 가서 그분께 직접 물어 보아라"라고 하셨습니다. 랍비는 어리둥절해져서 "도대체 어디 누구에게 가서 물어 보라는 것입니까?"라고 반문했습니다.

이 물음에 엘리야는 이렇게 말했습니다.

"저 성내에 가면, 병든 거지떼들이 모여 앉아 있다. 모두가 상처 입은 사람들이다. 그들은 모두 자기 상처를 감은 붕대를 한꺼번에 풀었다 감았다 하는 데 몰두하고 있다. 그런데 그중 거지 하나는 자신 역시 상처 입고 가난한 거지이면서도 남과는 달리 상처에 감은 붕대의 한 부분만을 풀었다 감았다 한다. 그는 늘 어느 순간이든지 '남이 나를 필요로 할 때 즉시 가서 그에게 도움을 줄 수 있어야지' 이렇게 항상 남을 생각하고 있다. 이 사람이 메시아이다."

참으로 의미심장한 말입니다. 세상의 구원은 이 사람처럼 자신도 남과 같이 상처 입고 가난하면서도 자신의 시간과 자신의 삶, 존재까지 남을 위해 바치겠다는 마음에서 시작됩니다.[1]

'상처 입은 치유자'는 김추기경의 자화상이다.
고백하건대 '상처 입은 치유자'는 나의 초상이기도 하다.

그리고 '상처 입은 치유자'는 그대의 소명이다.

오늘 상처를 핥고 있는 그대, 그로 인하여 당신은 다른 이의 아픔을 알아준다.
지금 처절한 좌절로 울고 있는 당신, 그로 인하여 당신은 절망한 사람들을 눈물로 위로할 수 있게 된다.
시방 실패를 거듭하고 있는 당신, 당신이 미래세대의 멘토다.

나는
고독했다

오늘날 많은 이들이 외로움을 견디기 힘들어 한다. 젊은 이들은 더군다나 그렇다.

홀로 있기 때문에도 그렇지만, 아무도 나를 이해해 주지 않는 듯이 보일 때, 내 편이 아무도 없는 듯이 보일 때, 고독은 쓰라리기까지 하다.

김 추기경 역시 자신의 고독을 토로한다.

도심의 가을밤에는 귀뚜라미 소리는 없습니다. 하지만 역시 고적(孤寂)합니다.

옛벗이 그리워지고 그와 함께 울적한 심정을 정다운 이야기로 이 밤이 새도록 달래고 싶어집니다. 지나간 인생을 말하고 현재와 미래의 위로를 구하고 싶어집니다.

하지만 나에게는 그런 벗이 없습니다.
그만큼 내 생은 고독한가 봅니다.[2]

애잔하다. 김 추기경은 이와는 전혀 딴판인 고독을 발설하기도 한다.

권력으로 치자면 나만큼 장기간 절대 권력(?)을 쥐어본 사람도 드물다. 모든 권한이 집중되어 있는 교구장직을 30년 동안 수행했으니 말이다. 교구장들 중에는 교회법에 명시된 권한이나 권력을 적절히 활용하면서 교구를 이끌어 가는 분이 있는가 하면, 권력을 쓸 줄 모르는 분이 있다. 나는 후자에 속하는 주변머리 없는 교구장이었다. 그러나 그것은 전적으로 내 생각이다. 다른 사람들 눈에는 그렇게 비쳐지지 않는 경우가 있는 모양이다.

이런 일이 있었다. 서품 2년차 젊은 신부가 사제직을 떠나면서 편지를 두 번 보내 왔는데 그 편지 속의 김수환은 권력을 마구 휘두르는 독재자였다. 하도 기가 막혀서 그 신부와 만나 이야기를 해 봤다.

"난 자네와 이렇게 대면하는 게 처음이네. 자주 만나기라도 했어야 자네 표현대로 권력을 휘두르고 억압하지 않았을 텐가. 내게 부족한 점이 있거든 솔직히 말해 주게."

"편지에 쓴 것은 체험에서 우러나온 얘기가 아니라 신학교에서 배운 내용입니다. 실제로 교구장은 모든 권력을 한손에 쥐고 교구를 통치하지 않습니까?"

난 기가 막혀서 "허허" 하고 웃을 수밖에 없었다.

언젠가 비슷한 일이 또 있었다. 서울대교구장으로 부임하기 전부터 외국에서 공부하고 있던 신부였는데 그가 사제복을 벗는 이유 중 하나가 "독재자 밑에 들어가 일하기 싫다"는 것이었다. 난 그 신부가 어디에 간다고 하면 추천서를 써 주었을망정 인사 발령 한 번 내 본 적이 없다. 내가 무슨 일이라도 시켜 보고 독재자 소리를 들었으면 덜 억울했을 텐데…….

원래 높은 자리라는 게 밖에서 보는 것과 달리 무척 힘들고 고독하다. 오해도 자주 받는다. 〔…〕 다 지났으니까 털어놓는 얘기인데, 교황님께 보낼 교구장직 사직서를 쓰다가 찢어버린 게 몇 번인지 모른다. 심적 고통을 견디기 힘든 순간이 더러 있었다. 그럴 때마다 하느님 앞에 무릎 꿇고 기도로 버텼다. 교구장직 30년 버팀목은 다름 아닌 기도였다.[3]

옛벗이 그리워지고 그와 함께 울적한 심정을
정다운 이야기로 이 밤이 새도록 달래고 싶어집니다

· · ·

신부나 수녀나 수사나 다 고독을 살겠다고 허원한 사람이다. 오롯한 사랑을 위해서. 불가능하지도 만만하지도 않은 것이 고독의 길이다.

그런데 신부가 주교나 추기경이 되면 주어진 권력에 비례하여 고독의 가중치가 커지는 것 같다.

김 추기경은 당신의 치열한 고독으로 우리의 외로움을 위로한다.

"나도 외롭다. 나도! 그리고 너의 고독을 공감한다."

도망치고
싶었다

도시의 삶은 고달프다.

직장에서의 생존은 치사하고, 힘에 겹고, 그나마 위태롭기 짝이 없다.

육신은 처절하고 영혼은 허망하기 일쑤다.

요즘 같아선 종잡을 수 없는 이상기후로 농촌이나 산골의 삶도 리스크가 있지만, 그래도 어디론가 훌쩍 도망치고 싶어진다. 다 그대로 놓아두고서. 아니 다 때려 치고서.

골치 아픈 일이 잇따라 터질 때는 '아~ 이 십자가를 언제 벗나' 라는 탄식이 절로 나왔다. 〔…〕 나는 늘 도망갈 궁리를 하면서 살아왔다 해도 과언이 아닙니다. 소신학교 입학 때도 그랬고, 주교로 서품될 때도 그랬다. 우스운 얘기지만 주교품을 받기 직전에 주교 서품식

전례서 맨 끝장에 나와 있는 주교 직위 박탈 사유와 절차를 유심히 읽어본 적이 있다.[4]

한창때 김 추기경에게는 나라의 온갖 골칫거리가 몰려들었다. 김 추기경 역시 그가 늘 고백하듯이 '한 나약한 인간'이었다. 모든 일을 다 훌륭하게 처리하는 것은 애당초 불가능한 일이었다.

늘 최선을 다해도, 미처리된 사안은 언제든지 산적했다. 기도로 버티고 은총으로 견뎠지만, 용량이 바닥나면 김 추기경도 별 도리 없었다. 도망을 궁리하는 일밖에.

난 1970~80년대 격동기를 헤쳐 나오는 동안 진보니, 좌경이니 하는 생각을 해 본 적이 없다. 정치적 의도나 목적을 두고 한 일은 더더욱 없다. 가난한 사람들, 고통 받는 사람들, 그래서 약자라고 불리는 사람들 편에 서서 그들의 존엄성을 지켜주려고 했을 따름이다. 그것이 가난하고 병들고 죄지은 사람들에게 둘러싸여 사시다가 마침내 목숨까지 십자가 제단에 바치신 예수 그리스도를 따르는 길이라고 믿었다.

1987년 6·10 항쟁 때도 명동성당 공권력 투입이라는 일촉즉발의 위기를 그런 믿음 하나로 막았다.

"경찰이 들어오면 맨 앞에 내가 있을 것이고, 그 뒤에 신부들, 그 뒤에 수녀들이 있을 것이오. 그리고 그 뒤에 학생들이 있을 것이오."

불가(佛家)에서는 인생을 고해(苦海)라고 말한다. 당시 비판과 분열, 긴장감에 괴로울 때는 그 말이 저절로 떠올랐다. 일시적 충동이지만 환속도 생각해 보지 않은 것이 아니다.

그때부터 잠을 제대로 못 이루는 병이 지금까지 이어지고 있다. 그야말로 '30년 불치병'이다.[5]

담담하게 술회하고 있지만, 당사자인 김 추기경 입장에서는 무게를 감당할 수 없는 임계점의 순간들에 대한 회상이다.

그는 결국 도망치지 못했다. 그렇기에 아직 도망치지 못한 우리네 용기 없는 이들의 친구다.

혜화동 주교관에서

30년 고질병 불면증

앞에서 불면증 얘기가 나왔다.

TV 뉴스를 보다가 우리 시대 적지 않은 이들이 불면증에 시달리고 있다는 보도를 접했다.

불면증은 낭만이 아니다. 단 하룻밤, 몇 시간 뒤척이는 것도 나는 견디기 힘들어 한다. 그렇기 때문에 별별 방법을 다 동원하여 자려고 몸부림친다. 인터넷을 샅샅이 뒤져 수면제 없이 나에게 듣는 처방 몇 가지를 그예코 찾아냈다.

말하려는 요지는 처방이 아니라 불면증의 괴로움이다. 도대체 무엇 때문에 사람들은 잠을 이루지 못하는 걸까. 무슨 고민, 어떤 원인들 때문일까.

김 추기경은 실제 이런 일기를 남기기도 했다.

이 시간까지 한숨도 자지 못했다. 수면제도 듣지 않는다. 기(氣) 치료의 과민 현상인가? 오늘 하루 여러 가지 일들이 걱정이다. 하지만 기다려 볼 수밖에 없다.

1968년 서울대교구장을 맡아 70~80년으로 이어지는 한국 사회의 굴곡을 넘어 1998년 교구장직에서 물러나기까지, 30여 년간 이어진 그의 불면증은 어쩌면 당연한 것이었는지도 모른다.

"잠을 잘 이룰 수 없던 김 추기경이 하루는 병원을 찾았습니다. 의사의 도움을 받아 볼까 했던 것입니다.

"추기경님, 검사 결과 건강은 괜찮으십니다. 혹시 고민거리라도 있으십니까?"

"고민거리가…… 너무 많지요."

"……."

"폭우라도 쏟아지면 판잣집 사람들 걱정, 한겨울 추위가 오면 달동네 사람들 걱정, 쌀값 떨어진다는 뉴스를 보면 농민들 걱정이지요. 요즘은 정치가 혼란스러워 나라의 앞날이 걱정입니다. 감옥에 투옥된 민주인사들도 걱정이구요."

의사는 '그렇게 걱정이 많으면 절대 잠을 이룰 수 없다'는 조언과 함께 약을 처방해 주었습니다. 그날부터 추기경은 약에 의지해 잠들곤 했습니다. 하지만 5·18 민주화운동, 6월 민주항쟁 등으로 이어지는 이 나라 민주화의 갈망과 군사독재정권의 치열한 대립 속에서는 별다른 효과가 없었습니다. 추기경은 시대의 불의 앞에서 의로움의 분노를 참지 못했던 것입니다.

정부의 압력이 점점 더 험악해져 갈수록 추기경의 사회적 발언에 대한 비판도 거세졌습니다. 참으로 숨 막히는 세월의 연속이었지만, 마침내 김 추기경은 이 땅에 민주화를 이뤄낸 머릿돌이 되었습니다."

김 추기경 불면증의 비밀이 드러났다. 대범하지 못해서가 아니었다.
바로 그 시간 사건 현장에서, 문제의 현주소에서 끙끙대며 잠을 못 이루는 이들에 대한 안타까움과 연민이 김 추기경으로 하여금 날밤을 새우게 한 것이었다.
약자들과 함께 울어주고 함께 웃어주기를 즐겼던 그인지라, 함께 잠을 뒤척인 것이었다.

무슨 연유에서건 잠을 못 이루는 그대, 그대의 근심을 내려놓으라.
하늘 아래 어디선가 그대의 근심을 아파하며 지켜주는 이가 있으니.

나는
질투한다

     질투로 인하여 오만 가지 일들이 일어난다. 일어나서는 안 되는 일도, 일어나서 좋은 일도. 때로 질투는 살아있음의 신호다. 이따금 질투는 사랑의 반증이기도 하다.

  김 추기경도 질투를 하곤 했다. 질투하는 사람이 있었다.

  시몬느 베이유(1909-1943)는 십자가에 못 박힌 예수에게 질투를 느꼈다고 한다. '예수는 우리 인간을 위해 몸과 마음을 다 바치고, 마지막 피 한 방울까지 흘렸는데 나는 왜 그렇게 하지 못하는가' 하는 자책이었다.

  프랑스 파리의 부유한 유다인 가정에서 태어난 그는 함께 사는 세상, 모두가 인간답게 사는 세상을 꿈꿨다. 그는 노동자들의 고통을 나눠지기 위해 장밋빛 미래를 포기하고 여공으로 취직해 노동운

링거를 맞으면서 기도 중(2008. 6. 3.) ⓒ전대식

동가로 살았다. 런던에 머물 때, 의사가 폐결핵에 걸린 그에게 충분한 영양섭취를 권유했지만 받아들이지 않았다. 나치 치하의 프랑스 동포들에게 배급되는 식량 이상으로 먹는 것은 진실에 대한 거짓말이라며 음식물을 제대로 삼키지 않았다.

결국 그는 영양실조까지 겹쳐 34살 나이에 숨을 거뒀다. 폐결핵으로 죽었다기보다 굶어 죽었다고 보는 게 맞을 것이다.

난 세상의 고통과 비극을 온몸으로 껴안고 불꽃처럼 살다 간 시몬느 베이유에게 질투를 느낀다.[8]

시몬느 베이유는 70년대 나의 대학생시절 서점가에서 인기를 끌었던 인물이다. 그의 생애와 사상에 대한 글을 읽으면서 많은 지식인과 젊은이들이 자신들이 온전히 투신할 가치에 대하여 고민하곤 했다.

요즈음 세대에게는 어떨지 모르겠으나, 나는 추기경의 질투를 공감한다. 이 질투는 과장이 아니다. 추기경은 질투의 비밀을 이렇게 밝힌다.

"가난하고 소외된 사람들, 슬퍼 우는 사람들을 수없이 찾아다녔지만 그들과 삶을 나누지는 못했음을 부끄러이 고백한다."[9]

이런 질투라면 한번쯤 해 볼 만하지 않은가.

나의
자성

　가톨릭 신자가 아닌 사람들도 사람들이 신부에게 '고해'를 할 때 무슨 죄를 고백하는지 궁금해 하는 것 같다. 나의 경우 고해를 듣다 보면, 자신의 잘못이 아니라 남의 잘못을 고백하는 이들이 제법 있다. 그럴 때마다 "남의 잘못을 고백하지 말고, 자신의 잘못 고백하세요" 하고 부드럽게 일러준다.

　그 연장선상에서 나는 일반인 대상 강연 때에 우스갯소리 삼아 이렇게 말하기를 좋아한다.

　"남의 잘못을 반성해 주려 하지 말고, '내' 잘못을 반성하려 노력해 보세요."

　김 추기경은 초등학생 일기장 쓰듯이 꼼꼼하게 적어내려 간 자성의 글을 남겨놓았다.

평화를 위해서 일했는가? 별로 한 것이 없다.
평화를 위해서 일한다는 것은 사랑한다는 것이다.
모든 사랑의 일은 평화를 위한 것이다.
미움이 있는 곳에 사랑을, 분열이 있는 곳에 일치를,
다툼이 있는 곳에 화목을, 어두움에 빛을……
이것은 다 평화의 일이요, 곧 사랑의 일이다.

우리나라 안에는 경제 발전에도 불구하고 가난한 농어민, 도시 판자촌 — 지금은 많이 헐렸지만 — 의 가난한 사람들, 가난한 노동자 등, 아직도 가난하고 굶주리고 헐벗고 병들고 고독한 사람들이 있다. 옥에 갇힌 사람들, 더욱이 권력 체제로 억압받는 사람들이 적지 않다.

그런데 우리는 그들의 존재를 평소에 의식하지 못하고 있다. 그들이 우리 안에 사는데도, 우리와 같은 하늘 아래서 같은 공기를 마시며 살고, 우리와 같은 핏줄, 같은 한국 사람인데도 우리는 그들의 존재를 평소에는 의식조차 않고 있다.

더욱이 그들의 불행, 그들의 고통에 우리는 아픔을 느끼지 않는다. 성경을 보면 그리스도는 분명히 그들 안에 있는데 말이다. 그들과 일체가 되어 있는데 말이다.

왜 그런가? 왜 그런가?

나는 내 자신에 대해서 생각해 보았다. 나는 사제이다. 사제들 중에서도 내 지위와 책임으로 보아서 가장 그리스도적이라야 한다.

그런데도, 예수님과 같은 마음은 아니더라도 비슷한 마음쯤은 돼야 할 텐데 웬일일까? 나는 가끔 이런 생각을 한다.

나의 위치가 너무나 그 사람들과 멀다. 혹시 의무감 때문에, 또는 체면상 또는 우연한 기회에 또는 공식 스케줄에 의해서 그런 사람들을 대하는 일은 간혹 있어도 결국은 너무 멀다. 물론 내가 더 노력하면 그 거리를 좁힐 수도 있을 것이다. 그러나 결국 주교 또는 추기경 하면 한 단체의 장이요, 불가피하다 할지라도 이것은 제도의 문제이기도 하다.

둘째로, 나는 세상 살아간다는 것의 고달픔을 이해 못한다. 아주 기초적인 의식주에서 오는 고통, 자녀들을 기르고 교육하는 데서 오는 부모들의 고통을 모른다.

이것은 독신제에서 오는 문제가 아닌가 생각도 해 보았다. 하지만 독신제는 오히려 사람들에게 더 봉사할 수 있는 가장 좋은 제도가 아닌가?

셋째로, 가장 큰 이유는 그것이 아니라 가난하지 않다는 데 있다. 동병상련(同病相憐), 가난한 사람만이 가난한 사람의 처지를 안다. 가난한 사람들이 필요로 하는 것은 우리의 연민이나 자선이 아니다. 우리의 사랑, 우리의 고통에의 동참이 필요하다.

우리는 -특히 우리 성직자들은- 가난하지 않다. 본시 우리들 대부분은 가난한 집안 출신들이었다. 그러나 사제가 된 이후 우리는 가난을 차차 잊게 되었다. 가난하지 않은 데서 그들 속에 들어가 있지 않으니 가난한 사람들의 처지를 모르고 그들의 고통에 대해 아픔을 느끼지 못한다. 아픔이 없으니 사랑이 없다.

결국, 우리는 그들의 존재와 고통을 머리로는 인식하지만 마음속에는 그들을 받아들일 자리가 없다.[10]

우리 시대 가장 심각한 취약점 중 하나가 자성, 곧 자기반성의 능력이다.

연구가들은 실패극복지수의 중요한 인자 가운데 하나로 자성능력을 꼽고 있다. 곧 자기를 객관화 시켜 반성하는 능력에 비례하여 실패를 딛고 일어서는 확률이 증가한다는 것이다.

김 추기경의 자성은 우리의 성찰이 된다.
더불어 정화된 느낌이다.

지금껏 남탓, 뒷담화에 익숙했다면, 그 화살을 내게 한번 돌려봄이 어떨까.
지적만 하던 손가락을 어루만져주는 손, 박수 쳐주는 손으로 바꿔보는 것도 좋지 않을까.

바보야

순진하고 착한 사람을 약아빠진 사람들은 적반하장으로 '바보'라고 놀려댄다.

열심히 일하고 성실하게 직무를 수행하는 사람들에게 세상은 곧잘 '바보'라고 손가락질한다.

기분 나쁘다. 그리하여 사람들은 바보 소리 안 들으려고 악해지고 게을러진다.

"평생 그림 한 점 그려보지 않았던 김 추기경이 생애 처음 전시회를 연 적이 있습니다. '서울동성고 개교 100주년 전시회'를 준비하던 동문들이 추기경 집무실로 들이닥쳐 그의 그림과 글씨를 간곡히 부탁해온 것이 발단이었습니다. 평소 혈연, 지연, 학연을 단호히 거부했던 추기경은 처음엔 난색을 표하며 손을 내저었지만 벼르고 찾

자화상(2007)

아온 동문의 부탁을 계속 외면할 수 없었습니다.

"정 그렇다면, 내 작품 수익금 전액을 장학 기금으로 쓰이게끔 하세."

이렇게 하여 김 추기경은 동문들이 건넨 검정색 유성파스텔로 즉석에서 옛 고향을 기억하며 동네, 산, 호수 등을 그리기 시작했습니다. 처음이자 마지막으로 그의 미술작품이 탄생하는 순간이었습니다.

동문 작품전에는 최종적으로 그의 드로잉 14점과 판화 7점이 전시되었습니다.

그 가운데 한 작품 앞에서 사람들이 유독 발길을 멈춘 채 움직일 줄 몰랐습니다. 동그란 얼굴에 눈, 코, 귀, 입을 그린 순박한 그림이었습니다. 하단에는 '바보야'라는 글씨가 쓰어 있었습니다.

"'바보'면 누굴 말하는 건가요?"

사람들이 웅성거렸습니다. 그 글씨 아래 더 작게 '김수환 자화상'이라는 글귀가 덧붙여져 있었습니다.

"추기경님의 자화상?"

가까이 다가온 추기경이 미소 짓고 있었습니다. 곁에 있던 한 후배가 물었습니다.

"그런데 왜 이름을 '바보야'로 쓰셨습니까?"

추기경이 답했습니다.

"나는 바보가 맞네. 하느님은 위대하고 사랑과 진리 그 자체인 것을 알면서도 마음속 깊이 깨닫지 못하고 사니까 말일세."

추기경의 이 짧고도 웅장한 한 마디에 주변이 모두 잠잠해졌습니다."[11]

이 일화를 나는 졸저 『바보존(Zone)』에서 소개한 바 있다. 나는 그 책을 통하여 "바보 소리 들으면, 성공한 거야!"라고 가르쳤던 고 장기려 박사의 바보정신을 역사적으로 위대했던 인물들의 예를 탐구하여 실증적으로 입증하려 노력했다. 그리하여 "누구에게나 내면에 원시림 같은 순수의 지대, 무한 가능성의 지대가 있다"고 밝히면서 그것을 '바보존'이라 불렀다. 결국, '바보' 소리 듣는 것을 칭찬 받는 일로, 나아가 훈장 받는 일로 여기도록 종래의 상식을 뒤집었다.

그런데 방금의 일화에서 '바보야'의 본뜻은 "김수환, 너 잘난 척 하지마, 너는 아직 멀었다구. 정신차려!"라고 자신에게 날리는 경책이었다. 자기 질책을 하는 부정적 뉘앙스를 아직 못 벗어났다.

하지만 김 추기경은 이 단어를 무척 기분 좋게 사용하고 있다. 조금은 자랑스러운 듯이. '바보'의 무진장한 긍정적인 측면을 의식하고 있었던 것이다.

'바보'라는 말에 주눅 들지 말라. 뒤집어 보면 시기이며 칭찬이다.

'바보' 소리 안 들으려 애쓰지 마라. 스스로 '바보야'라고 부르면서 허허 웃은 사람이 있다.

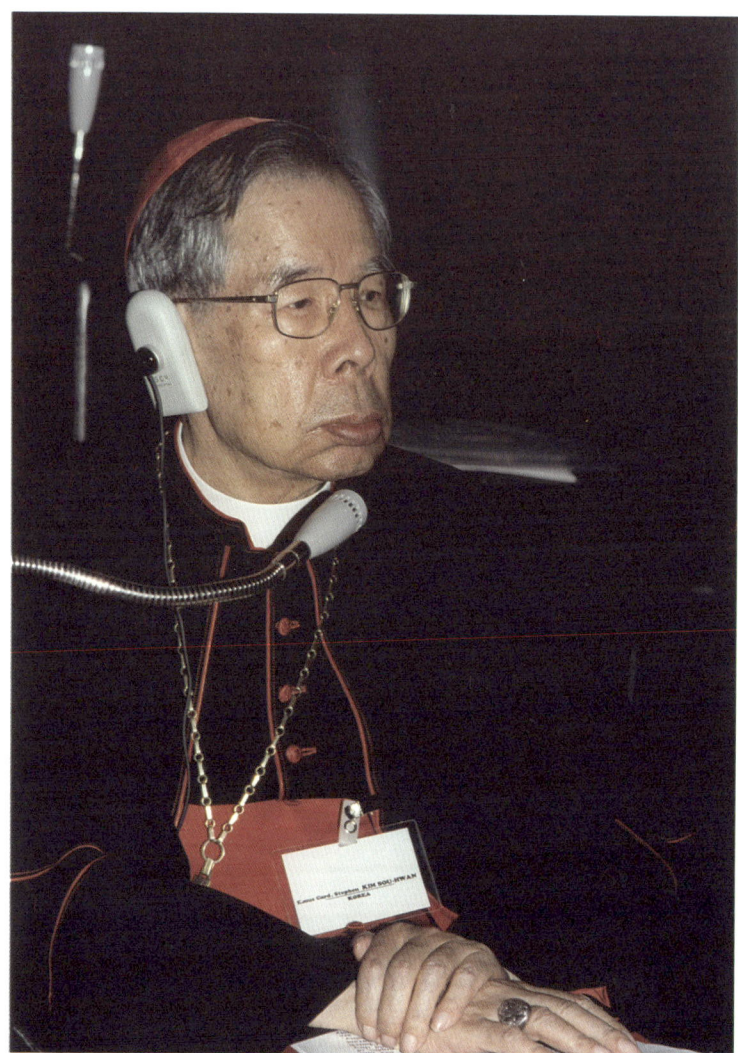

로마에서 열린 추기경 회의에서(2001. 5. 21-24.) ⓒ전대식

나는
두 가지 말을
잘 합니다

글로벌 시대의 기본은 외국어다.

1988년도부터 1996년도까지 오스트리아 빈에서 유학을 한 나는 덕분에 독일어를 좀 할 줄 알았다. 그 사이 잠깐 미국 보스턴 대학에서도 공부를 해야 했으니 영어도 더듬더듬 할 줄 알았다고 말할 수 있다.

그런데, 귀국 이후 나는 내 성격대로 국내생활에 '몰입' 했다. 15년 전혀 안 썼더니 혀가 굳어버렸다. 독해는 자신있지만 어쩌다 독일인이나 미국인이 말을 걸어오면, 버벅거리다가 이내 도망가고 싶은 심정이 된다.

외국어 때문에 스트레스 받는 이는 나뿐만이 아닐 것이다.

김 추기경은 어땠을까. 그를 기억하는 어느 동시통역사의 회상이다.

"프랑스에 있을 때 기아방지개발촉진위원회(CFCD)에서 종교회의

를 주관하면서 김수환 추기경을 초대했고, 그것이 인연이 되어 그와 만나게 되었다. 〔…〕

그런데 김수환 추기경은 사실 통역이 필요 없어 보였다. 독일 기자가 인터뷰하면 독일어로 답변을 하고, 이탈리아 기자와의 인터뷰에서는 이탈리아어로 답변을 했다.

그러나 프랑스 사람이 질문을 하면 추기경이 직접 불어로 대답할 수 있음에도 불구하고 통역인 나의 입장을 배려해서 꼭 나의 입을 통해 답변을 했다.

회의 도중 잠깐 쉬는 틈을 이용해 추기경에게 여쭤 보았다.

"추기경님, 몇 나라 말을 하세요?"

"글쎄, 숫자는 별로 좋아하지 않아 세는 것은 잘 못해요. 하지만 최양이 원한다면 같이 한번 세어 봅시다. 내가 한국 사람이니 우선 우리말, 일제 시대에 태어났으니 좋든 싫든 일본 말, 미국이란 나라가 최강국이라니 영어는 누구나 조금은 해야 한다고 해서 하고, 독일에서 공부를 했으니 독일어 조금 하고, 교황이 계시는 로마에도 가끔 가야 하니 이탈리아어 조금. 이탈리아와 독일 사이를 오가다 보니 그 중간에 있는 프랑스 말을 조금 하게 됐고, 『성경』을 보려니 라틴어도 좀 해야 했고, 또 믿음 속에서 우러나오는 참말과 때에 따라서는 어쩔 수 없이 해야 하는 거짓말도 있고……. 모두 몇 가지인가요?"

추기경의 위트 있는 대답에 나는 즉각 '9개 국어'라고 대답했다. 참말과 거짓말 그리고 우리말을 빼더라도 무려 6개 국어다. 추기경의 놀라운 언어 능력에 감탄하지 않을 수 없었다."[12]

여러 개 언어를 불편함 없이 구사하는 김 추기경에게 주변 사람들은 자주 "추기경은 몇 개 국어를 잘 하십니까?"라고 물어왔다. 다른 기회에 측근들과 나눈 대화에서 김 추기경은 이 질문에 이렇게 재치 있게 답했다고 한다.

"사실, 나는 두 가지 말을 잘하는데 그게 뭐냐 하면, 하나는 거짓말이고 다른 하나는 참말이야." [13]

'거짓말'이 첫 번째고 '참말'이 두 번째라는 사실에서 웃음이 터지면서도 왠지 치유를 받는 듯하다. 비밀을 들켜버린 느낌과 함께 전폭적인 공감이 일어난다. 그러기에 용서받은 기분, 구원받은 해방감마저 불러일으키지 않는가.

은퇴 후 혜화동 소성당에서   ⓒ전대식

나는
죄인입니다

사람은 으쓱하는 맛에 살기도 한다.

지위가 높아지고 존경받는 입장이 되면, 표정도 몸짓도 그에 걸맞게 변해 가는 것이 인지상정이다. 시선은 근엄해지고, 목소리는 깔려 간다.

불현듯 이런 적응(?)에 소스라칠 줄 아는 사람은 깨어 있는 사람이다.

30년을 정상에 있었던 김 추기경은 몇 번이나 자신을 추슬러야 했을까.

"김수환 추기경의 일본 유학시절, 그보다 2년 선배였던 노철학자가 한 사람 있습니다. 그는 추기경을 이렇게 기억합니다.

"김 추기경은 말수가 적고 생각이 깊었지요."

노철학자는 대학에서 평생 가르치다 은퇴했습니다. 추기경은 한국

가톨릭의 최정상 자리에서 이 사회에 정의와 사랑을 실천하였습니다. 시간이 흐를수록 추기경은 많은 사람들로부터 존경을 받았습니다.

어느 날 노철학자가 추기경을 만나 깍듯이 인사했습니다.

"그동안 잘 지내셨습니까?"

추기경이 말했습니다.

"편하게 말씀하세요. 저는 추기경이기 전에 죄인일 뿐인 사람입니다."

그의 소탈함과 겸손에 노철학자는 고개가 숙여졌습니다."[14]

노철학자는 1960~70년대 방황하던 젊은 세대에게 보석 같은 에세이들로 '삶의 등대'와 같은 역할을 해 준 유명한 김형석 전 연세대 교수였다. 실제로 노철학자는 김수환 추기경의 일본 상지대 유학 선배였다.

나는 대학생 시절 김형석 교수의 행복론을 탐독한 기억이 있다. 그의 글에는 위대한 철인들의 예지와 그 자신의 사유가 녹아 있었기에 책을 읽는 맛이 참 깊고 고소했다.

이 노철학자 앞에서 김 추기경은 스스로를 낮췄다.

"저는 추기경이기 전에 죄인일 뿐입니다."

이는 어쩌다 발생한 희귀 발언이 아니었다. 김 추기경은 높은 자리에 있는 것이 늘 불편했다. 공허한 말로 칭송받는 것은 도무지 견딜 수 없었다. 그래서 항상 스스로 몸과 말을 낮췄다. 사실은 낮춘 것이 아니다. 마음속으로는 높아진 적이 없으니까.

추측이 아니라 여러 사람들의 증언이며 나의 체험이기도 하다. 나는, 신학교 시절 유학생으로 선발되어 인사차 방문했을 때, 그 큰 어르신이 까마득한 애송이 신학생을 대할 때의 그 말투를 아직도 기억한다. 그 자애어린 눈빛과 충고자가 아니라 안내자로서의 자상한 조언이 여전히 생생하다.

훗날 괜스레 부끄러워지기 전에, 미리서부터 거드름을 잘라버리자.

아니 자를 필요가 없도록 깨어 있자. 도대체 하늘 아래 높고 낮음이 무슨 소용인가.

애송시 '서시'를 차마 읊을 수 없다

누구나 애창곡이나 애송시가 있다. 이들은 그 사람의 인생곡절이나 현재의 심상, 나아가 미련이나 소원을 그대로 반영한다.

"좋아하는 시는 무엇입니까?"
〈평화신문〉 김원철 기자가 김 추기경과의 마지막 인터뷰에서 던졌던 질문 가운데 하나다.
김 추기경은 이렇게 답했다.

> 윤동주의 '별 헤는 밤', 특히 '별 하나에 추억과 별 하나에 사랑과 별 하나에 쓸쓸함과……' 구절을 좋아한다. '죽는 날까지 하늘을 우러러 한 점 부끄럼이 없기를……'로 시작되는 서시(序詩)도 매

우 좋아하지만 감히 읊어볼 생각을 못했다. 하늘을 우러러 부끄러운 게 많아서 그런 것 같다.[15]

갑자기 뭉클해 온다. 감동이다. 그리고 내가 부끄러워진다.
"서시도 참 좋은 시지만 감히 읊어볼 생각을 못했습니다."
이 시를 나는 얼마나 뻔뻔하게 읊었던가.
'하늘을 우러러 한 점 부끄럼이 없기를'이란 대목에서는 멋진 포즈로 당당하게 하늘을 우러르기까지 하지 않았던가.

김 추기경의 자기 고백은 우리에게 고발이다.
우리 시대, 각자 부끄러워할 것이 얼마나 많은가.
슬금슬금 부끄러움을 회복할 일이다.

은퇴 후 일탈・진리의 기쁨・정의의 기쁨・
사랑의 기쁨・시종일관 세 가지・인도하소서

5장
김수환 추기경의 친전

내 기쁨을 그대와 나누고 싶습니다

사랑이 머리에서 가슴으로 내려오는 데 칠십 년 걸렸다

은퇴 후
일탈

김 추기경은 은퇴 후 혜화동 소재 신학교로 돌아가 '혜화동 할아버지'가 되었다. 마음에야 늘상 '영원한 젊은 오빠'가 더 끌렸지만, 손자 같은 신학생들에게는 달리 불릴 방도가 없었다.

그런데, 또 다시 감금된 듯 스케줄에 맞춰 쳇바퀴 돌듯 살아야 한다니! 갑갑했을 것이다.

어느 날 추기경은 일탈을 감행한다.

마음으로 원하는 것이 있다면, '김삿갓'처럼 정처 없이 돌아다니는 방랑이라고 할까, 이것에 대한 그리움이 늘 있습니다. 언젠가, 토요일에 수원 근처로 노타이 남방 차림으로 전철을 타고 갔었던 일이 있었고, '작은 자매회' 수녀님들이 계시는 일산에도 간 일이 있었습니다. 일종의 '바람'이라고 할까요. 전철 타고 버스 타고, 올 때도 역시 그렇게…….

늘 자동차를 타고 비서 신부가 수행하고 주변에서 자꾸 그렇게 해 주는데, 나 자신이 독립성을 잃는 것 같기도 하고 해방되고도 싶어서……. 사람들이 쳐다보고 인사하면 나도 인사하고, 자꾸 쳐다보면 다른 데 얼굴 돌리고, 어떤 때는 "혹시 추기경님이 아니세요"라는 질문을 받을 때도 있습니다. 그러면 "나도 그런 말을 많이 듣습니다" 라고 대답하곤 합니다.[1]

우리네에게는 일상이 김 추기경에게는 파격이었다.
마음 흐르는 대로 살아보기. 이것을 김 추기경은 시도해 보고 싶었던 것이다.
무엇보다도 그가 추기경 직무 수행 기간 내내 일구월심 꿈꾸어 왔던 '가난한 이들과 함께 하는 삶', 바로 이것을 원 없이 꾀할 수 있다는 것이 가장 큰 기쁨이었다.

이제 추기경이 소망했던 진짜배기 행보는 시작되었다. 그는 기회 있을 때마다 이렇게 말해 왔었다.

인생에 있어서 가장 긴 여행이 무엇인지 아십니까? 이것입니다.

머리에서 마음에 이르는 것. 머리에서 좋다고 생각하는 것을 마음에까지 도달하게 하여 마음이 움직여야 하는데 그것을 우리는 모두 잘 못합니다.[2]

사랑이 머리에서 가슴으로 내려오는 데 칠십 년 걸렸다.[3]

이제 진짜 출발이다. '머리'의 명령을 따르는 삶이 아니라 '마음'의 명령을 따르는 삶!
이는 누구도 만류할 수 없는 기쁨이었다.
김 추기경은 이 기쁨을 만끽하고 싶어 했다.

미국 교포 방문 시 공항에서　　ⓒ전대식

진리의
기쁨

생명공학자 황우석 논문조작 사건이 전 세계 언론에 보도되었을 때 김 추기경이 흘린 눈물은 유명하다. 그때의 심정을 그는 이렇게 토로하고 있다.

> 참담한 심정이었다. 한 생명공학자의 연구 성과가 전 세계를 흥분케 하고, 그로 인해 그 과학자는 국민영웅이 됐는데 모든 게 거짓이라니, 세계인들 앞에서 고개를 들 수 없을 만큼 부끄러운 일이었다. 그때 흘린 눈물은 자괴(自愧)의 눈물이었다.

김 추기경은 황우석 교수만을 향하여 눈물을 흘린 것이 아니었다. 김 추기경이 보기에 대한민국의 심각한 병증 가운데 하나가 '거짓'의 나무였다.

이 점에 대하여 추기경은 여러 기회에 언급하고 있다. 그는 격분한다.

한국에서는 정직한 사람은 언제나 손해 본다는 것이 상식처럼 되어 있습니다. 이는 우리의 미래를 위해 심각한 문제입니다.[5]

황우석 사태와 이런 문제의식은 김 추기경으로 하여금 '진리'의 기치를 드높이기로 작심하게 했던 듯하다. 이후 만나는 사람에게마다 '진실'과 '정직'을 강조하며 당부했다고 하니 말이다!

진리란 무엇인가?
사실, 진리는 이 세상의 모든 학문이 추구하는 가치요 목표다. 여기서 진리는 원리, 법칙 등을 가리킨다.
동시에 이 세상의 모든 종교도 이 진리를 깨닫고 행하기 위해서 존재한다. 여기서 진리는 이치, 순리, 진실 등을 가리킨다.
김 추기경이 '진리'라고 말했을 때 양자를 두루 아우르되 아무래도 후자에 가까운 개념이 아닐까 싶다.

김 추기경은 진리를 따로 집중 거론할 때도 많지만, 자주 진리와 정의를 묶어 언급하기도 한다. 진리가 왜곡, 박해, 말살의 위기에 처할 때

정의 역시 같은 운명이 되기에 그런 것 같다. 그의 열변을 들어보자.

진리가 밥을 주느냐, 정의가 밥을 주느냐고 우리도 말할 수 있습니다. 오히려 그렇게 양심대로 살 때에는 손해만 보는 것이 현실이기도 합니다. 그렇게 진리에 사는 사람, 정의를 실천하는 사람, 또 이웃을 사랑하는 사람까지도 바보처럼 취급되는 수가 많습니다.

그들에게는 국제 경기에서 우승을 하고 돌아오는 체육 선수들에게 보내는 전폭적 환영도 없고, 심지어는 탤런트나 가수들에게 보내는 인기도, 박수갈채도 없습니다. 그들의 길은 분명히 고독하고 가시밭길입니다.

그러나 인간을 드높여 주고, 사회의 어둠을 밝혀 주는 사람은 바로 이런 사람들입니다. 그들이야말로 역사를 밝히는 등불입니다. 예컨대 오늘의 소련[6] 민족을 빛내 줄 사람들이 모든 권력을 잡고 있는 브레즈네프나 그를 받들고 권력을 누리는 사람들이겠습니까? 아니면 그들의 모진 탄압을 받아 가면서도 꾸준히 인간을 사랑하고 인간다움을 위해 진리를 정의를 추구하는 솔제니친이나 사하로프이겠습니까?

양식 있는 사람이면 누구나 브레즈네프나 그의 권력 추종자들이

헬렌 수녀 예방을 받고(2002. 11. 2.) ⓒ전대식

아니고 박해를 받으면서도 인간애의 십자가를 지고 가는 솔제니친이나 사하로프 같은 사람들이라고 주저 없이 말할 것입니다. 이것은 사실 인간 양심이 아직도 살아 있다는 증거입니다. 그들의 인간애, 그 인간애에서 우러난 한마디 말, 한 구절의 시는 거창한 세력의 공산 독재나 소련의 산업 시설보다 더 소련 민족의 자랑으로, 인류의 자랑으로 남을 것입니다.〔…〕

인도의 간디는 인도의 독립을 위해 무저항주의로 헌신한 분입니다. 그 간디가 인도 독립을 얼마나 갈망했겠습니까? 이분이 당신의 추종자들에게 이런 말을 한 적이 있습니다. '인도의 독립을 얻기 위해 진리를 희생시키기보다는 독립을 얻지 못하는 한이 있더라도 나는 진리를 택하겠다. 그것은 진리 없는 독립은 참 독립이 아니기 때문이다. 왜냐하면 참된 인간 해방이 아니기 때문이다'라고 믿었기 때문입니다.[7]

엄중한 존재의 사명 앞에 진지함과 진정성을 잃고 경박한 희화화로 점점 흐트러져 가는 우리의 허술함을 나무라는 중량급 웅변이다.

그렇다. 진리를 수호하고 따르는 사람들이야말로 올림픽 메달리스트들보다 더 박수를 받아야 할 사람들이다! 왜냐? '인간을 드높이고 역사를 밝히는 등불이 되어 준 사람들'이기 때문이다.

진리의 길은 쉽지도 호락호락하지도 않다. 언제고 거짓의 유혹이 집요하게 따라다닌다. 그러기에 오히려 진리의 희열은 크다. 쉽지 않으니까 보람되고 기쁜 것이다. 이 기쁨은 아는 사람만 아는 기쁨이다!

그런데 김 추기경의 유고를 일별하다 보면 방법적으로 이 진리를 실행하는 데 두 단계가 있음을 알게 된다.
먼저, 진리를 깨달아야 한다. 김 추기경은 이를 위해 경험의 반추, 경청, 독서 나아가 성찰 등을 권장한다.
다음으로, 진리를 행해야 한다. 김 추기경은 이를 위해 '정직'을 강조한다.
자명하면서, 지당하면서, 동시에 새로운 도전을 자극하는 멘토링이다.

무릇 모든 위대한 지도자들이 그랬듯이 김 추기경은 스스로 당당한 모델이 되기 위해 우직하게 자신을 지켰다. 그렇게도 큰 여백을 지녔던 가슴이 진리 앞에서는 칼이었으며 거짓에 대한 저항은 단호하였다. 그는 누구 앞에서도 진실을 말하는 데 주저하지 않았다.
교회가 민주화의 선봉에 섰던 시기 고 박정희 전 대통령과 면담 중 김 추기경은 에둘러 말하지 않았다.

> 사실 지금 교회가 하고 있는 일은 대통령께서 해야 할 일입니다.[8]

그 정의의 기백은 이후에도 꺾일 줄 몰랐다. 어쩌면 더욱 굳건해진 듯도 하다.

> 칠십이 넘은 이 나이에 대통령에게 아부해서 무엇을 얻겠습니까? 감투를 받겠습니까, 훈장을 받겠습니까?[9]

김영삼 전 대통령 당선자가 예방했을 때, 김 추기경의 축하인사는 유명해졌다.

> 좀 섭섭하게 들리겠지만 저는 다른 후보를 찍었습니다. 그러나 기쁜 마음은 다를 바 없습니다.[10]

당선자에게 얼마나 기분 좋은 축하 인사였겠는가! 거산(巨山) 아호를 가진 자로서 이 진실된 경축을 큰 가르침으로 품었을지 안 품었을지는 잘 모르겠지만.

요약해 보자!

머리로는 진리가 가슴으로는 진실 또는 정직이 된다.

무엇이 참이며 거짓인가? 이를 식별하여 진리를 깨닫는 것이 머리다.

참을 따를 것인가 거짓을 따를 것인가, 진실을 말할 것인가 거짓을 말할 것인가? 이것을 선택하는 것이 가슴이다.

그런데 우리 가슴에 천부적으로 주어진 내적 법정, 이를 우리는 양심이라 부른다.

그렇다면 이제 우리의 이야기는 거의 막바지에 이르렀다 할 것이다. 실천하다 보면 진실과 정직의 문제는 결국 양심의 문제로 귀결된다. 마침내 김 추기경은 이렇게 자상하게 풀어 가르친다.

양심이 무너지면 인간이 무너진다.

양심이 바로 설 때, 그때 인간의 모든 윤리적 · 도덕적 가치가 바로 설 수 있다.

비양심적인 곳에 진실이 있을 수 없다.

거짓뿐이다. 〔…〕

인간은 근본적으로 진선미를 추구한다. 불멸의 가치를 추구한다. 인간의 교육 · 지식 · 문화는 이 같은 인간 노력에 크게 도움을 준다. 또 자기 양심을 지키는 힘을 주기도 한다.

그러므로 가정 및 학교 교육에 있어서, 사회 교육에 있어서 언제나 인간 존중의 가치관을 심어 주어야 한다. 경제를 위해서는 인간을 유린할 수 있다고 볼 때는 모든 것이 무너진다.

사회적으로 양심적인 사람들의 힘의 규합이 필요하다.

그리하여 양심의 유린에 대해 목숨을 걸고 싸우는 용기가 필요하다.

성경 말씀대로 "네" 할 것은 "네" 하고 "아니오" 할 것은 "아니오" 할 수 있는 용기가 필요하다.[11]

초점이 조금씩 달라졌지만 모두가 '진리'에 대한 김 추기경의 사색이며 권고다.

김 추기경은 우리를 '진리의 인간'이 되도록 초대한다. 그럼으로써 말할 수 없는 행복과 기쁨에로 우리를 손짓한다.

진리의 길은 고독할지도 모른다. 진실 편에 서기 위해 불이익을 받거나 희생을 감수해야 할지도 모른다. 정직하면 손해 볼지도 모른다.

하지만 그 길이 행복의 길임에는 한 점 의심도 없다. 투신한 만큼 보람도 크기 마련이니까. 그 기쁨 또한 무엇에 비교할 수 있겠는가.

군사독재 시절
그 서슬 퍼렇던 시국에서
어떻게 그 어려운 직언의 용단을 내리셨는지를 묻자,
김 추기경은 이렇게 답했다.

"어떤 일이 일어나든지 양심대로 최선을 다하면 된다."

- 2001년 9월 12일, 사제수품 50주년 기자 간담회 중에서

정의의
기쁨

김 추기경의 정의감에 대해서는 이미 앞에서 다양하게 언급되었다. 정의의 선봉장으로서 김 추기경의 언행은 많이 알려져 있다.

그런데도 김 추기경을 괴롭힌 가장 큰 괴로움은 행하지 못한 정의에 있었다고 그는 고백한다.

> 난 본의 아니게 1970~80년대 민주화 운동의 한가운데 있었다. 그 20여 년 중에서 가장 괴롭고 고통스러웠던 순간을 꼽으라면 주저하지 않고 '광주의 5월'이라고 말한다. 광주에 내려가 시민들과 함께 피를 흘리며 싸웠더라면 그토록 괴롭지는 않았을 것이다.[13]

왜 괴로움이 컸을까? 그만큼 정의의 가치를 알았기 때문이었으리

라. 정의에 관한 김 추기경의 공부와 사색은 예사롭지 않다.

> 정의는 인간의 기본 권리를 존중하는 것으로서 각자가 자기 권리를 침해당하지 않으려면 먼저 다른 사람의 권리를 침해하지 말아야 합니다. 인간은 자기 자신과 가정의 영예로운 생활을 위해 일하면서 정당하게 살 권리를 갖고 있는 것입니다. 남의 권리를 침해하여 남에게 돌아갈 몫을 착복하고 남의 희생으로 치부하는 사람은 빨리 잘 살게 되는 것 같지만 결국에 가서는 나도 남도 다 한꺼번에 망하게 합니다.
> 일을 시키는 사람은 정당한 품삯을 지불해야 할 것이며 일하는 사람은 일한 만큼의 품삯을 받아야 할 것입니다.
> 부정부패의 정도는 한 사회가 이와 같은 정의의 이념에서 멀어져 가는 거리로써 잴 수 있습니다.[14]

학술적 깊이와 현실적 통찰이 어우러지는 진술이다. 이는 내가 졸저 『잊혀진 질문』에서 정의는 "각자에게 그의 몫"이 돌아가 있는 상태라고 풀어 설명한 것과 똑떨어지게 부합한다.

김 추기경은 고전적인 개념을 놓치지 않으면서도 정의의 문제를 매우 구체적으로 사유한다.

 우리가 흔히 경시하고 있는 일이지만 이상 말한 정의의 이념은 한 가정 안에서도 적용됩니다. 한 가족의 생활 책임을 맡은 사람은 자기 가족 모두에게 분수에 맞는 생활을 보장해야 할 의무가 있는 것입니다. 만일 어떤 가장이 한 달 봉급을 가족을 위해 쓰지 않고 자기 개인의 쾌락이나 사치를 위해 탕진한다면 국가법의 제재는 받지 않는다 해도 윤리적인 면에서는 정의의 정신을 짓밟는 것이 될 것입니다. 가장이 매일같이 요정이나 술집에서 돈과 시간을 낭비하고 자정을 알리는 시계소리와 함께 집 문턱을 들어서기 일쑤라면 그 가정은 파경에 이를 것이 뻔합니다. 또 그러한 가정 파탄은 결국 사회악을 조장하는 결과를 초래할 것입니다.

 우리 사회에 정의의 질서가 바로 잡히고 사람들이 서로 남을 도와주는 사랑의 정신으로 유대를 맺을 때, 우리는 모두 잘 살게 될 것입니다.

 이제 우리는 부정부패에 썩어 없어지고 마느냐, 아니면 정의와 사랑의 이념을 실현시켜 잘사느냐를 선택해야 할 막다른 골목에 들어 서 있습니다.[15]

정의가 구체적인 삶의 현장에 적용되면 상황에 따라 여러 가지 강조점들이 부각된다. 그러기에 김 추기경은 정의를 말하면서 때로는 준법을, 때로는 성실을, 때로는 사랑을 강조한다. 정의를 실행하는 길은 그만큼 입체적이며 다양하다는 것이다.

깃발을 들고 정의구현에 앞장서는 사람들만 정의의 파수꾼이 아니다.

환경운동가들만 정의의 혁명전사가 아니다.

누구나 자신이 처한 삶의 터에서 자신이 할 몫을 다하면서 자신과 이웃이 합당한 권리를 누리도록 기여한다면 그가 정의의 투사다.

김 추기경은 이렇게 구체적인 정의의 실행이 운동으로 전개될 것을 소망한다.

그 운동을 누군가가 시작해야 한다면 그것은 우리들이 아니고 누구이겠습니까? 일의 크고 작음을 가리지 말고 우리부터 실천에 옮깁시다.[16]

거창해도 좋고, 사소해도 되고, 조촐해도 괜찮다.

자신이 처한 자리에서 법을 지키고 다른 사람의 권리를 침해하지 않는 것이 정의다.

성실하게 일하여 남의 땀과 수고의 열매를 가로채지 않는 것이 정의다.

김 추기경은 우리가 일상에서 행할 수 있는 정의의 일례를 든다.

> 노점상에서 물건을 살 때 깎지 말라.
> 그냥 돈을 주면 나태함을 키우지만……
> 부르는 대로 주고 사면 희망과 건강을 선물하는 것이다.[17]

이야말로 정의의 백미 아닐까. 가장 작은 정의를 말함으로써 결국 가장 큰 정의를 말한 셈이다.

정의 역시 세상의 부와 권력이 대체할 수 없는 기쁨이다.
정의의 다른 이름 준법과 성실은 결과로도 기쁨을 주지만, 과정의 기쁨 또한 크다.
누가 알아주지 않아도 내가 즐거우니 정의의 길을 가는 것이다.
예수께서도 "의로움에 주리고 목마른 사람은 행복하다. 그는 만족하리라" 하지 않았던가.
결국, 제 멋에, 자기 기쁨에 사는 것이다.

사랑의 기쁨

하늘에는 별이 있고, 들에는 꽃이 있듯이 사람의 마음속에는 사랑이 있어야 한다는 말이 있습니다. 그렇습니다. 밤하늘에는 별들이 반짝여 아름답습니다. 들판에는 이름 모를 꽃들이 피어 아름답습니다. 우리 사람들 사이에는 숭고한 사랑이 있어 더욱 아름답습니다.[18]

마음을 휘어잡는 한 편의 시다. 시를 좋아하기도 하고 시인이기도 했던 김 추기경. 그는 사랑에 관한한 출중한 이론가이자 탁월한 실천가였다고 해도 과언이 아니다.

먼저, 그가 남긴 사랑에 관한 단상들만 보더라도 그가 계속 공부하고 고뇌했음을 알 수 있다.

사랑은 가장 부드러우나 가장 강합니다.
가장 겸손하고 친절하나 가장 귀하고 높습니다.
무력해 보입니다.
그러나 총도, 칼도, 대포도 못하는 일을 이것은 할 수 있습니다.[19]

세상을 지탱하는 힘은
참으로 법이나 제도만이 아니라,
더욱이 물리적 힘이 아니라
어머니들의 사랑을 비롯한 헌신적 사랑입니다.[20]

사랑은 감정에서 시작되고 감정이 식으면서 끝나는 것이 아닙니다. 참으로 사랑하겠다는 결심에서 출발하여 이 결심을 지키는 의지로써 지속되는 것입니다.[21]

하나같이 사색을 거치면서 오래도록 숙성된 사랑의 진수를 전해 주고 있다. 그는 오늘 우리네 사랑의 실상을 이렇게 전하기도 한다.

부귀영화를 헌신짝같이 버리는 사람은 있어도 사랑을 싫다 하는 사람은 보지 못했다. 〔…〕

많은 인생 비극이 사랑 때문에 야기된다.
얼마나 많은 눈물이, 슬픔이, 한숨이, 상처가 사랑 때문에 야기되는가.[22]

다음으로, 실행은 어떠한가. 김 추기경은 사랑하는 법을 설명하지 않았다. 변신을 거듭하며 사랑의 예측불허를 몸소 보여주었다. 다음의 일화는 그 일단을 보여주고 있다.

❝김 추기경은 바쁜 일정 중에도 시간 날 때마다 행려자보호시설, 나환우촌, 달동네, 교도소 등을 찾아 미사를 봉헌하고 그곳 사람들을 위로했습니다.

특히 '예수의 작은 자매회'라는 수녀원을 자주 찾았는데, 그곳 수녀들은 파견된 나라에서 가장 가난하게 사는 사람들의 삶을 실천하고 있었습니다. 때문에 겨울에도 맨발로 생활하며 한 끼 식사도 매우 간소하게 먹었습니다.

그런데 추기경이 그 수녀원에만 가면, 이상하게도 평소 하지도 않던 반찬투정을 하는 것이었습니다. 추기경을 보좌하던 한 측근이 이를 궁금히 여겨 여쭈었더니 이런 대답이 돌아왔습니다.

"내가 그렇게라도 투정하지 않으면 그 수녀님들은 1년 내내 고기

예수의 작은 자매들의 우애회와 함께 목동 재개발 촌에서(1975. 5.)

한 번 먹지 않을 것 아닌가."

참으로 깊은 배려에서 나왔던 투정 아닌 투정이었던 것입니다."[23]

유머러스한 사랑의 실행이다.

누가 사랑을 기술이라 얘기했던가. 사랑은 기술이 아니라 예술이다. 우리에게 잘 알려진 에리히 프롬의 명저『사랑의 기술』도 사실은『사랑의 예술』이라 바꿔야 옳다. The Art of Loving! 사실 둘 다 가능한 번역이지만, 사랑의 실상을 반영하건대 '예술'이 더 적합하다는 느낌이다.

여하튼, 사랑의 길은 다양하다. 그가 선종했을 때 그를 찾았던 40만 조문행렬은 그가 얼마나 다채롭게 사람들을 사랑했는지를 반증한다.

그런데 그런데.

김 추기경의 사랑은 좁쌀 사랑이었다. 그러기에 김 추기경은 우리 자신이 잘 알고 있다고 스스로 생각하는 가르침을 새로운 것인 양 거듭 강조한다.

참으로 우리가 사랑으로 산다면 이런 형제들의 고통이 덜어질 것은 분명합니다. 바로 내 옆에 있는 가장 보잘것없는 형제를 사랑하

는 것입니다. 그런데 그 보잘것없는 형제들은 누구입니까?〔…〕
그는 바로 나의 아내, 나의 남편, 나의 부모, 나의 형제, 나의 아들딸일 수도 있습니다. 또는 직장 동료일 수도 있습니다. 그리고 늘 옆에 가까이 있으면 내 마음을 불편하게 하고 부담감을 주는 가난한 사람들, 도시 빈민들, 행려병자들 등 사회로부터 소외된 사람들이 바로 나로부터 버림받은 사람일 수 있습니다.[24]

결코 사랑의 대상을 멀리서 찾지 말라는 깨알 잔소리다. 사랑은 원래 이토록 좀스러운 것이다. 그러기에 사랑은 곧바로 세심한 배려로 이어진다.

김 추기경은 사랑의 다른 이름들을 도처에서 열거한다.

"사랑은 배려입니다."

"사랑은 친절입니다."

……

하지만, 사랑은 깨지기도 쉽고, 토라지기도 잘 하고, 포기하기도 십상이다. 노파심에서 김 추기경은 간곡히 권유한다.

아무리 모두가 이기주의에 흐르고 세파가 몰인정하다 해도 우리마저 사랑을 실천하지 말아야 할 이유는 되지 못합니다.[25]

얼핏 의무라고만 말하는 듯하다. 그러나 김 추기경은 이에 덧붙여 사랑은 축복이라고 자주 강조하고 있다. 왜? 사랑은 기적을 일으키니까. 김 추기경의 육성이다.

> 미국 네브라스카에 가면 '소년의 거리'(BOY TOWN)라는 고아나 불우 청소년들을 모아 놓은 큰 규모의 고아원이 있습니다. 이 '소년의 거리'는 창립자이시고 고아들의 아버지인 플래너건(Flanagan) 신부님의 아름다운 인간애 때문에 유명해졌고, 영화로도 크게 알려진 곳입니다.
>
> 그런데 그곳에 가면 한 어린 꼬마 소년이 덩치가 자기의 배나 되는 큰 소년을 등에 업고 있는 조각이 있습니다. 그리고 그 조각에는 큰 소년을 업고 있는 꼬마 소년이 하는 말로 "그는 나의 형제에요, 그래서 조금도 무겁지 않아요"라고 새겨져 있다고 합니다. 참으로 뜻 깊은 말입니다. 사랑하는 자에게는 큰 짐이 조금도 무겁지 않습니다.[26]

여운이 짙은 이야기다. 사랑 사색에 잠긴 김 추기경의 영감어린 교감은 그칠 줄 모른다.

> 쇠똥구리를 보세요. 자기 덩치에 열 배도 넘는 쇠똥을 굴리는 그

무겁지 않아요.
왜냐하면 사랑하니까요.

모습이 우리에게 속삭이지 않습니까.
"무겁지 않아요. 왜냐하면 사랑하니까요!"

그는 우리 가족이에요, 그래서 무겁지 않아요.
그는 우리 친구예요, 그래서 무겁지 않아요.
그는 우리 동료예요, 그래서 무겁지 않아요.
결국 우리는 모두 형제요 자매요 지구가족 아닌가요. 그래서 무겁지 않아요.
왜냐하면 사랑하니까요.

사랑의 이런 힘을 안다면, 누가 사랑을 마다하겠는가.
사랑에 대한 김 추기경의 즐거운 단상을 다 소개할 수 없다. 그에게도 어차피 사랑은 미궁이었다.
김 추기경은 사랑의 기쁨을 설명하지 않는다. 단지 함박웃음을 지을 뿐이다.
우리 시대 모두가 함박은 아니더라도 피식하고 멋쩍은 미소라도 지을 수 있어야 하지 않겠는가.

시종일관
세 가지

은퇴 후 김 추기경이 골몰하여 누리고 싶어 했던 세 가지 기쁨을 소개했다.

이는 사실 김 추기경이 은퇴 전에도 줄곧 추구해 오던 기쁨이었다. 다만 찔끔찔끔 감질 나는 수준이었기에 김 추기경은 은퇴를 기해 본격행보를 시작했을 따름이었다.

김 추기경은 자주 이 세 가지를 몰아서 강조하곤 했다.

우리가 진리, 정의, 사랑을 위해 살고, 진리, 정의, 사랑을 위해 죽을 준비가 되어 있다면, 이것이야말로 가장 값진, 가장 보람된 삶입니다.[27]

질문: 새해 새 아침이란?

김 추기경: 현인은 "새 아침이라는 것은 지나가는 모든 사람들이 너희 눈에 형제로 보일 때 그때 참으로 새 아침이 열린다, 새날이 열린다" 이렇게 말씀하십니다.
참된 의미로 우리에게 새해가 새날이 되기 위해서 우리 마음이 변화되어야 하고, 우리 마음이 자기중심적이 아니고 이기주의적이 아니고, 남을 생각할 줄 알고 남을 위할 줄 알고 남과 더불어 살 줄 알고, 정말로 사랑할 줄 알고 고통을 분담할 줄 아는 그런 마음으로 변화되어서 참 모든 이가 형제적인 사랑으로 하나될 때 진실로 새 아침이 열리는 것입니다.

- 1998년 1월 1일, 신년특별대담 중에서 [28]

진리, 정의, 사랑!

실로 김 추기경은 이 세 가지를 시종일관 강조하고, 가르치고, 퍼트렸다. 어쩌면 신부 생활 때부터 시작된 것인지도 모른다.

마지막 1년 혜화동 숙소에서 또는 병상에서 나라 걱정을 하며 이 글 서두에 소개된 신치구 장군과 김호권 박사, 그리고 손병두 전 총장을 통해 국민에게 '참 행복의 길'로 전하고자 했던 것도 바로 이 세 가지였다.

서두에서 잠깐 언급한 첫 번째 사신과 함께 손 전 총장에게 구두로 전해진 희망은 이랬다.

첫째, 우리 국민은 부지런하지만 정직하지 못하다. 부정부패가 만연하고, 윤리도덕이 땅에 떨어졌다. 이래 가지고는 일등 국민이 못된다. 정직하지 못하면 서로 신뢰가 무너지고, 건강한 공동체가 못된다.

둘째, 우리 국민은 법을 잘 지키지 않는다. 누구든 법을 잘 지키는 법치주의가 제대로 될 때 우리나라가 선진국이 되고, 정의가 제대로 설 수가 있다.

셋째, 우리 국민은 남을 배려할 줄 모른다. 이기주의가 너무 강하다. 내 탓보다는 남의 탓만 한다. 이웃을 사랑할 줄 모른다. 탈북자, 다문화가정, 장애인, 노숙자 등에 대한 나눔이 부족하다.

다만, 이 세 가지를 김 추기경은 상황과 듣는 이에 따라서 적절히 바꾸어 표현하는 융통성을 기했다는 사실을 유념해 두면 좋을 것이다.
　진리는 진실, 정직, 거짓 없음 등으로 바뀌어 표현되곤 한다.
　정의는 준법, 양심, 차별 없음, 성실 등으로 달리 표현되곤 한다.
　사랑은 배려, 친절로 대신 표기되기도 한다.

어쨌든, 김 추기경은 이 세 가지가 개인적으로는 행복의 길이며, 국가적으로는 '1등 민족'이 되는 길이라고 꿰뚫어 보았다. 그는 오늘 우리에게 거듭 권유한다.

　인간이 '진리의 인간' '정의의 인간' '사랑의 인간'이 될 때, 우리는 진실히 행복과 평화를 누릴 수 있습니다.[29]

　세상은 시간적으로 새날이 오고 새해가 되었다고 해서 새로워지는 것은 아니다. 우리의 마음과 정신이 '진실된 인간, 정의로운 인간, 사랑하는 인간'으로 달라질 때에 비로소 새로워진다.[30]

이로써 우리는 김 추기경의 유지를 확인한 셈이다.

마지막 인터뷰에서 "가을엔 편지를 쓰겠어요. 누구라도 그대가 되어 받아주세요" 하고 노래했던 까닭이 드러났다고나 할까.

친전은 그래서 더욱 우리 가슴을 울린다.

인도하소서

　　　　　불현듯 피히테의 『독일 국민에게 고함』이 생각난다. 19세기 독일의 대표 사상가 피히테는 이 유명한 웅변조 글을 통하여, 나폴레옹과의 전쟁에서 크게 패한 독일인들에게 '민족혼'을 일깨우고 '국민정신 개혁'을 호소하여 결국 자국의 승리를 되찾는 데 크게 기여하지 않았던가.

　김 추기경의 '친전'은 피히테의 저 글과는 류가 다른 것이 사실이다. 하지만 '친전' 마지막 페이지를 차마 덮지 못하고 있는 지금 내 심장에서는 피히테가 독일 국민에게 불러일으키고자 했던 것보다 더욱 뜨거운 그 무엇이 꿈틀거리고 있다.

　더듬어 보고 만져본다. 도대체 이것이 무엇인가? 이 기분은 왜인가?

　굳이 이름붙이고 싶지 않다. 현상 자체만은 설명하고 싶다. 뭐랄까,

나의 외연(外延)이 점점 부풀고 있는 느낌이다. 이웃, 사회, 민족, 나아가 인류에로 내 존재의 촉이 뻗어나가고 있는 기분이다. 이는 착각인가? 아무래도 좋다. 착각으로라도 내 심장이 민족을 품을 수 있다면야.

시방 나는 철모르는 소년처럼 만족스럽게 피식 웃는다.

나는 이제 알아요. 어떻게 살아야 행복할지를요.

확실히 깨달았다구요. 진리의 기쁨, 정의의 기쁨, 사랑의 기쁨을요.

이 겁 없는 희망을 김 추기경은 머~얼리서 응원해 줄 것이 확실할 터다. 겁 없는 희망이기에 더욱 반가워하며 지지해 줄 것임을 의심치 않는다.

어쩌면 그러기 위해 김 추기경은 존 헨리 뉴먼 추기경의 '인도하소서'(Lead, kindly light)라는 제목의 시를 자주 애송했는지도 모른다. 이는 밤 깊은 여정에 빛의 동행을 기구하는 시다. 이 친전을 통해 그는 육성 응원을 들려준다.

인도하소서

인도하소서, 부드러운 빛이여,

사방은 어두움에 잠기오니
당신 나를 인도하소서.
밤은 깊고 집까지는 길이 멉니다.
나를 인도하소서.
내 발을 지켜 주소서.
먼 경치를 보려고 구하는 것이 아니오니
한발치만 밝혀 주시면 족하나이다.

전에는 이렇지 않았습니다.
네 빛이 나를 인도해 달라고 기도한 적도 없었습니다.
나는 스스로 택하고 나의 길을 가기를 좋아하였습니다.
하지만 이젠 나를 인도하소서.

나는 화려한 날을 좋아했고
두려움에도 불구하고 나의 뜻은 교만에 차 있었습니다.
하지만 과거일랑 기억하지 말아 주소서.

당신의 힘이 나를 축복하여 주셨사오니
그 힘이 나를 아직도 인도하여 주시리이다.

늪과 울타리를 넘고 개울과 자갈길을 넘어
밤이 가고 날이 밝을 때까지 나를 인도해 주시리이다.
아침이 되면 그토록 보고자 하였건만 잠시 잊었던
저 천사들이 밝게 미소 지으리이다.[31]

  험한 밤길을 걷는 나그네의 처지에서 빛의 인도가 필요한 우리들이다.
  빛의 인도를 청하자.
  어쩌면 우리보다 먼저 빛의 인도를 청했던 김 추기경이 스스로 빛이 되어 우리를 동행해 줄지도 모르니까.

에필로그

추신을 대신하여

 아무도 생각조차 못하고 있던 1994년. 그해부터 김 추기경 육필원고 수집에 착수했던 신치구 장군, 그리하여 사비를 출연하여 스물여권의 방대한 자료집을 엮어낸 그. 그를 나는 최후의 증인으로 만났다.

 팔십 노구의 말쑥한 신사인 그는 여기저기서 말썽을 부리고 있는 노환으로 거동이 불편했지만 '김 추기경에 대해 묻고자 한다'는 말에, 열 일 제치고 행차했다.
 김 추기경 최초의 부임지 김천 성의 여고 시절부터 알고 지냈다는 신 장군은 눈물을 글썽이며, 때로는 황홀한 추억에 빠져들기도 하며, 여태 내가 알지 못했던 이야기들을 털어놓았다.

그 중 하나. 내 가슴에 꽂힌 말은 이것이었다. 여기서 나는 우리 시대를 위한 거부할 수 없는 큰 가르침을 발견한다.

"내가 김 추기경님을 가장 존경하는 이유는 따로 있어요. 다른 게 아니라, 김 추기경님은 단 한 번도 다른 사람의 험담을 한 적이 없어요. 한때 김 추기경님의 정치적 발언에 반대하던 이들이 '김 추기경이 노망들었다'고 비난했던 일이 있었지요. 신부들까지 합세했어요. 그래 내가 '그럴 수가 있느냐'고 흥분하며 편을 들었지요. 그때 추기경님은 오히려 나를 나무랐어요. '그분들에게는 그분들의 사명이 있고, 나에게는 나의 사명이 있는 겁니다. 그러니 그분들에 대해 함부로 말하는 것은 옳지 않아요.' 그때 내가 생각했지요. '아, 이분이 추기경이시구나! 어떻게 그렇게 그릇이 다를 수 있을까?' 하고 말이에요……"

존경심을 부숴버리고 외려 서늘한 두려움을 자아내는 말!
"그분들에게는 그분들의 사명이 있고, 나에게는 나의 사명이 있는 겁니다. 그러니 그분들에 대해 함부로 말하는 것은 옳지 않아요."
누가 감히 이 말에 돌을 던지겠는가.

또 하나, 나도 늘 그렇게 생각하고 있던 점이, 신 장군 증언으로 확인되었다.

"그리고요, 김 추기경님은 거절하실 줄 몰랐어요. 단 한 번도 거절하시는 걸 본 적이 없다니까요. 내가 보기에 우유부단해서가 아니라 철저한 배려심에서였어요…….

노래를 못 한다 하시면서도 한 곡 청하면 꼭 불러주셨죠.

생선을 안 드시면서도 생선 밥상을 좋아하셨어요. 함께 식사하는 사람들이 맛있게 드는 것을 즐겁게 여기셨으니까요……."

헤어지며 악수를 나누는데 그의 옷깃에서 김 추기경의 향기가 났다. 그의 맑은 미소는 그대로 김 추기경의 환영이었다. 그가 밤새 만지작거렸을 김 추기경의 육필원고에서 묻어난 그것이었다.

엮은이의 말

이 글은 김 추기경이 이 세상 나그네 여정을 마치고 다시 시공을 넘나드는 자유가 되어 우리 곁으로 돌아온 당시 신문사 청탁을 받고 기고했던 글로써, 이 책에 대한 나의 소회를 대신하고 있기도 하다.

지금 나는 가장 어려운 글을 쓰고 있다. 아마도 신문사 청탁원고 가운데 가장 무리한 글을 쓰고 있는지도 모른다.

'추기경 선종 그 후……' 라는 제목을 받고 연구소 책상 앞에 앉아 있는 시방, 문득 나에게 한 장면이 떠오른다. 해변가를 거닐고 있는 성 아우구스티누스가 바닷물을 손으로 모래 웅덩이에 퍼 담고 있는 어린이와 대화를 나누는 장면이다. 삼위일체의 신비를 깨달아보려는 그의 노력에 '어린' 천사가 그에게 날린 일침이 뇌성처럼 들려오는 듯하기 때문이다.

"네가 지금 하려는 것이 꼭 바닷물을 손으로 퍼서 웅덩이에 담으려는 어리석음과 똑같으니라!"

무슨 글로 그 드넓은 인격을 담아낼 수 있겠는가. 어떤 그림으로 그 웅장한 큰 바위 얼굴을 그려낼 수 있겠는가.

삼가고 삼가는 마음으로 필을 들었지만, '그와 동시대를 살았다는 것 자체가 영광'이라는 헌사까지도 무색할 '김수환' 표 삶에 어떤 소감을 말하는 것 자체가 몹시 저어된다.

나는 이번 장례일정과 장례미사를 지켜보면서 경이에 빠졌다. 그동안 감춰졌던 그분의 개별적이고도 비밀스런 사랑이 하나씩 둘씩 커밍아웃하는 것을 TV화면을 통하여 목도하노라니 절로 눈이 휘둥그레졌던 것이다. 그 기간 나는 확실히 숨은 증인들을 통하여 한 폭의 모자이크 그림이 완성되어 가고 있음을 보았다. 한 사람 한 사람이 모자이크 한 조각씩을 비밀이요 보물처럼 간직해 오다가 그 분 선종을 계기로 함께 짜맞춰보니 온후하고도 육중한 '큰 바위 얼굴'이 절로 그려지는 것이었다.

정계, 재계, 종교계를 막론하고, 지위고하를 불문코, 이분으로부터 받은 감화를 구체적으로 증언하는 40만 조문행렬은, 지금 우리 대한민국이 어떤 인물을 목말라하는지를 웅변으로 시위하였다. 그 염원의 화신을 적어도 나는 김 추기경에게서 보았다. 그 잔상을 나는 이렇게 스케치해 본다.

"김수환, 그는 가장 인간적인 사람이었다.
김 스테파노, 그는 노상 고뇌하는 신앙인이었다.
사제 김수환 스테파노, 그는 천년 미래의 후배들도 닮고 싶어 할 선배였다.
김 추기경, 그는 20세기 조국을 빛낸 자랑스러운 대한민국인이었다."

그렇다면, 이 '큰 바위 얼굴'이 우리에게 남겨주신 유훈은 무엇일까. 고 김 추기경은 그 요지를 월간 〈사목정보〉를 대표한 나와의 마지막 인터뷰에서 이렇게 한 문장으로 말씀해 주신바 있다.

"기쁨과 희망, 슬픔과 고뇌, 인류의 그것들을 바로 우리들의 그것으로 여기는 교회가 되어야 합니다. 성직자는 물론 신자들도 그래야 합니다."

그는 이 한 문장으로 당신께서 하실 말씀을 다 하신 셈이다. 사실 이는 제2차 바티칸 공의회 '사목헌장'의 기조정신이자 늘 당신의 사목지표였다.

김 추기경 현양 사업은 '미래 세대'를 위한 우리의 의무다. 우리는 동시대를 살았기에 그럭저럭 그의 향기를 맡을 수 있었다. 미래의 세대들도 그 향기를 맡도록 해 주는 것은 우리의 사명이다.

위대한 인물은 자주 나오지 않는다. 대한민국의 차원에서도 이만한 인물 한 세기에 한 명 나올지 말지다. 그러기에 현양 사업은 더욱 중요하다. 이는 향후 몇 천 년 국가 자산의 차원에서 반드시 이루어져야 할 일이다.

유다인이 오늘날 세계를 호령하는 것은 역사적인 인물을 기리는 계승정신이 탁월하였기 때문이다. 미국을 보라. 시대의 영웅을 얼마나 다각도로 미래 세대들의 역할모델이 되도록 기리고 있는가. 〔…〕

그분은 얼굴, 목소리, 표정이 어우러져 가장 인간적인 인간의 풍모를 연출해 냈다. 소박하고 진솔하고 때로는 약한 모습까지 그대로 숨기지 않는, 영락없는 이웃집 아저씨 같은 분이었다. 〔…〕

무엇보다도 그는 100마리의 양떼보다 '길 잃은 한 마리' 양을 소중히 여기는 섬세한 사랑을 지니셨다. 그분의 온후한 미소는 우리들에게 위로와 평화를 주셨고, 그분의 맑고 그윽한 눈빛은 우리들에게 끝없는 연민을 보내주셨다. 〔…〕

추기경으로서 그는 대한민국의 정신적인 지도자였다. 용기 있는 시대의 양심이었고, 날카로운 예지력을 지닌 예언자였으며, 사상적으로 반대자까지도 품는 애국자였다. 이로써 그는 '너희와 모든 이를 위하여'라는 그의 사목모토를 완벽하게 구현하였던 것이다.

개인적으로 나는 김 추기경님의 수혜자 가운데 하나다. 중요한 시기마다 그분은 교구의 장벽 없이 나를 바라봐 주었고 응원해 주셨다. 개별적으로 불러주시기도 하셨고 또 촌지를 보내주시기도 하셨다. 그분은 나를 한 교구의 사제로 보지 않으시고 한국 교회의 사제로 보셨던 것이다. 그것이 그분의 안목이셨다. 마지막 가시는 길에서는 나의 저작을 영적 동반자로 삼아주시기도 하셨다. 나에게는 송구스럽고 눈물겨운 일이다.

고 김 추기경을 회고할 때마다 나는 마더 데레사의 '한 번에 한 사람'을 떠올린다.

'한 번에 한 사람'
난 결코 대중을 구원하려고 하지 않는다.
난 다만 한 개인을 바라볼 뿐이다.
난 한 번에 단지 한 사람만을 껴안을 수 있다.
한 번에 단지 한 사람만을 껴안을 수 있다.
단지 한 사람, 한 사람, 한 사람씩만······.

그분은 꼭 그러셨다. '한 사람씩' 보듬어주시는 특별한 카리스마를 실천하셨던 것이다.

몰라서 실천하지 못한 것이 아니다. 그가 보여준 삶은 지극히 작고 구체적인 실천이었다. 그의 용기 있는 발언은 단지 모두 가지고 있는 '양심'의 실천이었고, 소외된 이들과 함께한 그의 감동적인 삶은 단지 모두가 알고 있는 '사랑'의 실천이었고, 그가 보여준 눈물은 거짓에 대한 일반적인 '수치감'의 충실한 실천이었던 것이다.

그의 유훈, 그것은 '실천'인 것이다. '바보야'가 촌철살인으로 우리의 양심을 찌르듯이 '바보스러운' 실천인 것이다.[1]

러브레터

1969년 한국 천주교의 첫 추기경이 자리에서 일어났다
그가 쓴 빨강 스컬캡은 신앙에 앞서 명예였다
그러나 가장 겸허한 사람이었다
70년대 이래
그는 한번도 분노를 터뜨리지 않아도
항상 강했다

그는 행동이기보다 행동의 요소였다

하늘에 별이 있음을
땅에 꽃이 있음을
아들을 잉태하기 전의

젊은 마리아처럼 노래했다

그에게는 잔잔한 밤바다가 있다
함께 앉아 있는 동안
어느새 훤히 먼동 튼다

그러다가 진실로 흙으로 빚어낸 사람
독이나
옹기거나

— **고은**(시인)[1]

지금 우리 사회가 추기경님의 목소리를 그리워하고 있습니다.

제가 추기경님을 찾아뵐 때마다 저를 경제전문가로 보고 신앙문제보다는 나라걱정 그중에서도 경제문제에 대해 많이 물으셨습니다.

그 이유는 나라경제가 잘 돼야 가난한 사람도, 실업자도 줄어들어 모두가 행복한 나라가 될 수 있다고 믿었기 때문이 아닌가 여겨집니다. 추기경님의 뜨거운 사랑을 느낍니다.

서강대 총장 때 신치구 장군과 김호권 박사님을 저에게 보내신 것도 나라 걱정을 많이 하셨고, 윤리도덕이 서지 않으면 나라의 미래가 없다고 여기셨기 때문이라고 생각합니다. 정직(진실), 배려(사랑), 준법(정의) 이 3가지를 강조하셨는데 이 기본적인 사항이 국민 교육운동으로 발전하여 우리 국민의 시민의식이 고양되도록 〈김수환 추기경 연구소〉를 통해 더욱 노력하겠습니다.

추기경님, 나라걱정 천국에서 덜 하시도록 저희들이 열심히 노력하겠습니다.

참으로 고맙게도 차동엽 신부가 이번에 『김수환 추기경의 친전』이라는 책을 발간해 주셔서 국민 모두에게 바로 친전이 되었습니다.

— **손병두**(삼성꿈장학재단 이사장 · 전 서강대 총장)

잘생기지 않은 얼굴에서 이렇게 잘생긴 생각이 나올 줄이야.
못생긴 나로서는 부럽기만 합니다.
추기경님의 못 다한 인생 삶을 더 못생긴 제가 감히 열심히 살겠습니다.

— **이상용**(방송인)

하늘 나라에서 우리를 인자로운 눈으로 바라보고 계실 추기경님!!
당신이 떠나신 후 우리나라는 흉흉한 범죄와 사랑이 없는 비참한 사회가 되어가고 진리가 무엇인지 선과 악을 구별 못하는 어리석은 사람들을 변화시키지 못하는 현실을 보고 계실 추기경님! 천국에서 내려다 보니 너무 안타까우시지요?

저는 희망의 연주로 추기경님께 위로를 드리고 추기경님께 받은 사랑에 보답 드리고 싶습니다. 또한 저는 조국 한반도의 평화통일을 위해 제가 비록 보잘것없지만 최선을 다해 노력과 희생을 바치고 싶습니다.

저 희아는 추기경님 앞에 환한 미소로 만날 수 있도록 어둠 속에서 눈물 흘리는 어려운 이웃을 위해 빛의 자녀로서 역할을 다하고 싶습니다.

저희들의 영원한 평화의 사제 김수환 추기경님, 가장 작은 희아가 마음을 다해 "사랑합니다"라고 하늘 향해 노래합니다! — **이희아**(피아니스트)

당신의 부드러운 손길이 그립습니다.

그리고 뭐든지 자신을 낮추어서 "나는 잘 모르기에 여러분의 의견을 묻습니다"라고 말씀하시는 그 모습에서 우리들의 의견을 존중해 주시는 그 겸손의 마음이 그립습니다.

내가 말을 잘하지 못해도 경청해 주시면서 내 이야기에 귀를 기울여주시던 그리운 추기경님, 그립습니다. — **최불암**(탤런트 · 영화배우)

참고
문헌

서(序)
1 김수환 추기경 구술 · 평화신문 엮, 『추기경 김수환 이야기』, PBC평화방송 · 평화신문, 457쪽 참조
2 고은, '가을 편지'

프롤로그_ 마지막 1년 못 다한 말
1 김용택, '멍'
2 PBC TV 영상기록 중에서

1장_ 희망 없는 곳에도 희망이 있습니다
1 평협: 한국 천주교 평신도사도직협의회 줄임말, 천주교 평신도들로 구성된 전국적 협의체로서 이 사회의 빛과 소금의 역할을 하기 위하여 1968년 만들어졌다.
2 김수환 추기경 구술 · 평화신문 엮음, 『추기경 김수환 이야기』, PBC평화방송 · 평화신문, 407-411쪽
3 정광택, 『마이클잭슨이 어쨌다구요』, 움직이는 책 참조 / 장혜민, 『바보가 바보들에게-두 번째 이야기』, 산호와 진주, 139-141쪽 참조
4 장혜민, 『바보가 바보들에게-두 번째 이야기』, 산호와 진주, 139-141쪽 / 김수환 추기경전집2 『하느님의 존재』, 김수환 추기경 전집 편찬위원회, 215쪽 참조
5 김수환 추기경 구술 · 평화신문 엮, 『추기경 김수환 이야기』, PBC평화방송 · 평화신문, 416-417쪽
6 고수유, 『감사합니다 서로 사랑하십시오』, 마인드북스, 76-78쪽 참조
7 김수환 추기경전집17 『말씀의 이삭』, 김수환 추기경 전집 편찬위원회, 255-256쪽

8 김수환 추기경 전집17 『말씀의 이삭』, 김수환 추기경 전집 편찬위원회, 120-121쪽
9 김수환 추기경 전집5 『진리의 샘터』, 김수환 추기경 전집 편찬위원회, 44-45쪽
10 고수유, 『감사합니다 서로 사랑하십시오』, 마인드북스, 82-84쪽 참조
11 김수환 추기경 전집17 『말씀의 이삭』, 김수환 추기경 전집 편찬위원회, 203쪽
12 김수환 추기경 전집8 『신앙인의 열매』, 김수환 추기경 전집 편찬위원회, 160-163쪽
13 김수환 추기경전집17 『말씀의 이삭』, 김수환 추기경 전집 편찬위원회, 243쪽
14 김수환 추기경 전집1 『목자의 소리』, 김수환 추기경 전집 편찬위원회, 290쪽
15 김수환 글 · 신치구 엮, 『너희와 모든 이를 위하여』, 도서출판 사람과 사람, 285쪽
16 김수환 추기경 전집4 『인간의 근본 문제』, 김수환 추기경 전집 편찬위원회, 46쪽
17 주정아 기자, 2009년 3월 22일자 〈평화신문〉 / 고수유, 『감사합니다 서로 사랑하십시오』, 마인드북스, 97-99쪽 참조
18 김수환 말씀 · 신치구 엮, 『참으로 사람답게 살기 위하여』, 도서출판 사람과 사람, 170쪽
19 김수환 추기경 구술 · 평화신문 엮, 『추기경 김수환 이야기』, PBC평화방송 · 평화신문, 368-370쪽

2장_ 스스로 생각하는 것보다 훨씬 소중한 그대여
1 조재연, 『청소년 사전』, 마음의숲

2 김수환 추기경 전집8 『신앙인의 열매』, 김수환 추기경 전집 편찬위원회, 43쪽
3 김수환 말씀·신치구 엮, 『참으로 사람답게 살기 위하여』, 도서출판 사람과 사람, 30-31쪽
4 김수환 말씀·신치구 엮, 『참으로 사람답게 살기 위하여』, 도서출판 사람과 사람, 110-111쪽
5 PBC TV 영상기록 중에서
6 김수환 추기경 전집15 『이 시대를 사는 목자1』, 김수환 추기경 전집 편찬위원회, 210-211쪽 / 김수환 말씀·신치구 엮, 『참으로 사람답게 살기 위하여』, 도서출판 사람과 사람, 111쪽
7 김수환 추기경 전집8 『신앙인의 열매』, 김수환 추기경 전집 편찬위원회, 215쪽
8 평화신문 김원철 엮, 『하늘나라에서 온 편지』, PBC 평화방송·평화신문, 115-116쪽
9 김수환 말씀·신치구 엮, 『참으로 사람답게 살기 위하여』, 도서출판 사람과 사람, 32쪽
10 평화신문 김원철 엮, 『하늘나라에서 온 편지』, PBC 평화방송·평화신문, 103-106쪽
11 PBC TV 영상기록 중에서
12 김수환 추기경 전집14 『주님께 다가가는 시간(피정강연)』, 김수환 추기경 전집 편찬위원회, 341-342쪽
13 김수환 추기경 전집15 『이 시대를 사는 목자1』, 김수환 추기경 전집 편찬위원회, 334쪽
14 김수환 글·신치구 엮, 『우리가 서로 사랑한다는 것』, 도서출판 사람과 사람, 137쪽
15 김수환 글·신치구 엮, 『너희와 모든 이를 위하여』, 도서출판 사람과 사람, 216쪽
16 김수환 추기경 전집4 『인간의 근본 문제』, 김수환 추기경 전집 편찬위원회, 239-240쪽
17 김수환 추기경 전집17 『말씀의 이삭』, 김수환 추기경 전집 편찬위원회, 391-392쪽

3장_ 청춘이 민족입니다

1 김수환 추기경 전집13 『국가 권력과 교회』, 김수환 추기경 전집 편찬위원회, 392쪽
2 김수환 말씀·신치구 엮, 『참으로 사람답게 살기 위하여』, 도서출판 사람과 사람, 109쪽
3 김수환 추기경 전집15, 『이 시대를 사는 목자1』, 김수환 추기경 전집 편찬위원회, 432-433쪽 / 김수환 말씀·신치구 엮, 『참으로 사람답게 살기 위하여』, 도서출판 사람과 사람, 97-98쪽
4 혁명가: 훗날 김 추기경은 '혁명가' 라는 말보다 '정치가' 라는 말이 더 정확한 기억이라 언급함(김수환 추기경 전집15 『이 시대를 사는 목자1』, 김수환 추기경 전집 편찬위원회, 434쪽).
5 김수환 추기경 전집17 『말씀의 이삭』, 김수환 추기경 전집 편찬위원회, 262-263쪽
6 김수환 추기경 전집15 『이 시대를 사는 목자1』, 김수환 추기경 전집 편찬위원회, 147-148쪽
7 김수환 추기경 전집13 『국가 권력과 교회』, 김수환 추기경 전집 편찬위원회, 234쪽
8 김수환 추기경 전집15 『이 시대를 사는 목자1』, 김수환 추기경 전집 편찬위원회, 355-356쪽
9 김수환 추기경 전집15 『이 시대를 사는 목자1』, 김수환 추기경 전집 편찬위원회, 585쪽
10 PBC TV 영상기록 중에서
11 김수환 추기경 전집13 『국가 권력과 교회』, 김수환 추기경 전집 편찬위원회, 515-516쪽
12 김수환 추기경 전집17 『말씀의 이삭』, 김수환 추기경 전집 편찬위원회, 105-106쪽
13 김수환 추기경전집17 『말씀의 이삭』, 김수환 추기경 전집 편찬위원회, 105-106쪽
14 PBC TV 영상기록 중에서
15 김수환 추기경 전집15 『이 시대를 사는 목자1』, 김수환 추기경 전집 편찬위원회, 595쪽 / 평화신문 김원철 엮, 『하늘나라에서 온 편지』, PBC평화방송·평화신문, 140-141쪽 / 김원철 기자, 2007년 6월 10일자〈평화신문〉참조
16 김수환 추기경 전집16 『이 시대를 사는 목자2』, 김

수환 추기경 전집 편찬위원회, 280-281쪽
17 김수환 추기경 전집13 『국가 권력과 교회』, 김수환 추기경 전집 편찬위원회, 233쪽
18 대주교: 한 개 또는 그 이상의 관구(管區:大敎區)를 관장하는 가톨릭의 성직자
19 김수환 추기경 전집15 『이 시대를 사는 목자1』, 김수환 추기경 전집 편찬위원회, 124쪽 / 김수환 말씀 · 신치구 엮, 『참으로 사람답게 살기 위하여』, 도서출판 사람과 사람, 49-50쪽
20 김수환 추기경 전집16 『이 시대를 사는 목자2』, 김수환 추기경 전집 편찬위원회, 299-300쪽 / 김수환 추기경 전집6 『함께하는 삶』, 김수환 추기경 전집 편찬위원회, 84-85쪽 / 평화신문 김원철 엮, 『하늘나라에서 온 편지』, PBC평화방송 · 평화신문, 166쪽
21 김수환 추기경 전집15 『이 시대를 사는 목자1』, 김수환 추기경 전집 편찬위원회, 404쪽 / 김수환 말씀 · 신치구 엮, 『참으로 사람답게 살기 위하여』, 도서출판 사람과 사람, 224쪽 참조
22 김수환 추기경 전집6 『함께하는 삶』, 김수환 추기경 전집 편찬위원회, 85쪽
23 김수환 추기경 전집6 『함께하는 삶』, 김수환 추기경 전집 편찬위원회, 139쪽 / 평화신문 김원철 엮, 『하늘나라에서 온 편지』, PBC평화방송 · 평화신문, 59-61쪽
24 김수환 추기경 전집16 『이 시대를 사는 목자2』, 김수환 추기경 전집 편찬위원회, 126쪽
25 김수환 말씀 · 신치구 엮, 『참으로 사람답게 살기 위하여』, 도서출판 사람과 사람, 215쪽
26 평화신문 김원철 엮, 『하늘나라에서 온 편지』, PBC평화방송 · 평화신문, 80-81쪽
27 김수환 추기경 전집4 『인간의 근본 문제』, 김수환 추기경 전집 편찬위원회, 20-21쪽

4장_ 상처 입은 치유자

1 김수환 추기경 전집4 『인간의 근본 문제』, 김수환 추기경 전집 편찬위원회, 298쪽
2 김수환 추기경전집17 『말씀의 이삭』, 김수환 추기경 전집 편찬위원회, 255쪽
3 김수환 추기경 구술 · 평화신문 엮, 『추기경 김수환 이야기』, PBC평화방송 · 평화신문, 364-365쪽
4 김수환 추기경 구술 · 평화신문 엮, 『추기경 김수환 이야기』, PBC평화방송 · 평화신문, 227-228쪽
5 김수환 추기경 구술 · 평화신문 엮, 『추기경 김수환 이야기』, PBC평화방송 · 평화신문, 271-272쪽
6 김수환 추기경전집17 『말씀의 이삭』, 김수환 추기경 전집 편찬위원회, 526쪽
7 고수유, 『감사합니다 서로 사랑하십시오』, 마인드북스, 147-149쪽 참조
8 김수환 추기경 구술 · 평화신문 엮, 『추기경 김수환 이야기』, PBC평화방송 · 평화신문, 433-434쪽
9 김수환 추기경 구술 · 평화신문 엮, 『추기경 김수환 이야기』, PBC평화방송 · 평화신문, 354쪽
10 김수환 추기경전집17 『말씀의 이삭』, 김수환 추기경 전집 편찬위원회, 80-81쪽
11 편완식 · 정성수 기자, 2007년 10월 11일자 〈세계일보〉 참조 / 고수유, 『감사합니다 서로 사랑하십시오』, 마인드북스, 60-62쪽 참조
12 최정화, 『엔젤 아우라』, 중앙북스, 143-145쪽 참조
13 최성우 신부, 서울대교구 보도자료 참조
14 고수유, 『감사합니다 서로 사랑하십시오』, 마인드북스, 163-164쪽
15 김수환 추기경 구술 · 평화신문 엮, 『추기경 김수환 이야기』, PBC평화방송 · 평화신문, 457쪽

5장_ 내 기쁨을 그대와 나누고 싶습니다

1 김수환 추기경 전집15 『이 시대를 사는 목자1』, 김수환 추기경 전집 편찬위원회, 580쪽 / 김수환 말씀 · 신치구 엮, 『참으로 사람답게 살기 위하여』, 도

러브레터

参고
문헌

서(序)
1 김수환 추기경 구술·평화신문 엮,『추기경 김수환 이야기』, PBC평화방송·평화신문, 457쪽 참조
2 고은, '가을 편지'

프롤로그_ 마지막 1년 못 다한 말
1 김용택, '멍'
2 PBC TV 영상기록 중에서

1장_ 희망 없는 곳에도 희망이 있습니다
1 평협: 한국 천주교 평신도사도직협의회 줄임말, 천주교 평신도들로 구성된 전국적 협의체로서 이 사회의 빛과 소금의 역할을 하기 위하여 1968년 만들어졌다.
2 김수환 추기경 구술·평화신문 엮음,『추기경 김수환 이야기』, PBC평화방송·평화신문, 407-411쪽
3 정광택,『마이클잭슨이 어쨌다구요』, 움직이는 책 참조 / 장혜민,『바보가 바보들에게-두 번째 이야기』, 산호와 진주, 139-141쪽 참조
4 장혜민,『바보가 바보들에게-두 번째 이야기』, 산호와 진주, 139-141쪽 / 김수환 추기경전집2『하느님의 존재』, 김수환 추기경 전집 편찬위원회, 215쪽 참조
5 김수환 추기경 구술·평화신문 엮,『추기경 김수환 이야기』, PBC평화방송·평화신문, 416-417쪽
6 고수유,『감사합니다 서로 사랑하십시오』, 마인드북스, 76-78쪽 참조
7 김수환 추기경전집17『말씀의 이삭』, 김수환 추기경 전집 편찬위원회, 255-256쪽
8 김수환 추기경 전집17『말씀의 이삭』, 김수환 추기경 전집 편찬위원회, 120-121쪽
9 김수환 추기경 전집5『진리의 샘터』, 김수환 추기경 전집 편찬위원회, 44-45쪽
10 고수유,『감사합니다 서로 사랑하십시오』, 마인드북스, 82-84쪽 참조
11 김수환 추기경 전집17『말씀의 이삭』, 김수환 추기경 전집 편찬위원회, 203쪽
12 김수환 추기경 전집8『신앙인의 열매』, 김수환 추기경 전집 편찬위원회, 160-163쪽
13 김수환 추기경전집17『말씀의 이삭』, 김수환 추기경 전집 편찬위원회, 243쪽
14 김수환 추기경 전집1『목자의 소리』, 김수환 추기경 전집 편찬위원회, 290쪽
15 김수환 글·신치구 엮,『너희와 모든 이를 위하여』, 도서출판 사람과 사람, 285쪽
16 김수환 추기경 전집4『인간의 근본 문제』, 김수환 추기경 전집 편찬위원회, 46쪽
17 주정아 기자, 2009년 3월 22일자〈평화신문〉/ 고수유,『감사합니다 서로 사랑하십시오』, 마인드북스, 97-99쪽 참조
18 김수환 말씀·신치구 엮,『참으로 사람답게 살기 위하여』, 도서출판 사람과 사람, 170쪽
19 김수환 추기경 구술·평화신문 엮,『추기경 김수환 이야기』, PBC평화방송·평화신문, 368-370쪽

2장_ 스스로 생각하는 것보다 훨씬 소중한 그대여
1 조재연,『청소년 사전』, 마음의숲

2 김수환 추기경 전집8 『신앙인의 열매』, 김수환 추기경 전집 편찬위원회, 43쪽
3 김수환 말씀·신치구 엮, 『참으로 사람답게 살기 위하여』, 도서출판 사람과 사람, 30-31쪽
4 김수환 말씀·신치구 엮, 『참으로 사람답게 살기 위하여』, 도서출판 사람과 사람, 110-111쪽
5 PBC TV 영상기록 중에서
6 김수환 추기경 전집15 『이 시대를 사는 목자1』, 김수환 추기경 전집 편찬위원회, 210-211쪽 / 김수환 말씀·신치구 엮, 『참으로 사람답게 살기 위하여』, 도서출판 사람과 사람, 111쪽
7 김수환 추기경 전집8 『신앙인의 열매』, 김수환 추기경 전집 편찬위원회, 215쪽
8 평화신문 김원철 엮, 『하늘나라에서 온 편지』, PBC 평화방송·평화신문, 115-116쪽
9 김수환 말씀·신치구 엮, 『참으로 사람답게 살기 위하여』, 도서출판 사람과 사람, 32쪽
10 평화신문 김원철 엮, 『하늘나라에서 온 편지』, PBC 평화방송·평화신문, 103-106쪽
11 PBC TV 영상기록 중에서
12 김수환 추기경 전집14 『주님께 다가가는 시간(피정강연)』, 김수환 추기경 전집 편찬위원회, 341-342쪽
13 김수환 추기경 전집15 『이 시대를 사는 목자1』, 김수환 추기경 전집 편찬위원회, 334쪽
14 김수환 글·신치구 엮, 『우리가 서로 사랑한다는 것』, 도서출판 사람과 사람, 137쪽
15 김수환 글·신치구 엮, 『너희와 모든 이를 위하여』, 도서출판 사람과 사람, 216쪽
16 김수환 추기경 전집4 『인간의 근본 문제』, 김수환 추기경 전집 편찬위원회, 239-240쪽
17 김수환 추기경 전집17 『말씀의 이삭』, 김수환 추기경 전집 편찬위원회, 391-392쪽

3장_ 청춘이 민족입니다
1 김수환 추기경 전집13 『국가 권력과 교회』, 김수환 추기경 전집 편찬위원회, 392쪽
2 김수환 말씀·신치구 엮, 『참으로 사람답게 살기 위하여』, 도서출판 사람과 사람, 109쪽
3 김수환 추기경 전집15, 『이 시대를 사는 목자1』, 김수환 추기경 전집 편찬위원회, 432-433쪽 / 김수환 말씀·신치구 엮, 『참으로 사람답게 살기 위하여』, 도서출판 사람과 사람, 97-98쪽
4 혁명가: 훗날 김 추기경은 '혁명가' 라는 말보다 '정치가' 라는 말이 더 정확한 기억이라 언급함(김수환 추기경 전집15 『이 시대를 사는 목자1』, 김수환 추기경 전집 편찬위원회, 434쪽).
5 김수환 추기경 전집17 『말씀의 이삭』, 김수환 추기경 전집 편찬위원회, 262-263쪽
6 김수환 추기경 전집15 『이 시대를 사는 목자1』, 김수환 추기경 전집 편찬위원회, 147-148쪽
7 김수환 추기경 전집13 『국가 권력과 교회』, 김수환 추기경 전집 편찬위원회, 234쪽
8 김수환 추기경 전집15 『이 시대를 사는 목자1』, 김수환 추기경 전집 편찬위원회, 355-356쪽
9 김수환 추기경 전집15 『이 시대를 사는 목자1』, 김수환 추기경 전집 편찬위원회, 585쪽
10 PBC TV 영상기록 중에서
11 김수환 추기경 전집13 『국가 권력과 교회』, 김수환 추기경 전집 편찬위원회, 515-516쪽
12 김수환 추기경 전집17 『말씀의 이삭』, 김수환 추기경 전집 편찬위원회, 105-106쪽
13 김수환 추기경전집17 『말씀의 이삭』, 김수환 추기경 전집 편찬위원회, 105-106쪽
14 PBC TV 영상기록 중에서
15 김수환 추기경 전집15 『이 시대를 사는 목자1』, 김수환 추기경 전집 편찬위원회, 595쪽 / 평화신문 김원철 엮, 『하늘나라에서 온 편지』, PBC평화방송·평화신문, 140-141쪽 / 김원철 기자, 2007년 6월 10일자 〈평화신문〉 참조
16 김수환 추기경 전집16 『이 시대를 사는 목자2』, 김

수환 추기경 전집 편찬위원회, 280-281쪽
17 김수환 추기경 전집13 『국가 권력과 교회』, 김수환 추기경 전집 편찬위원회, 233쪽
18 대주교: 한 개 또는 그 이상의 관구(管區:大敎區)를 관장하는 가톨릭의 성직자
19 김수환 추기경 전집15 『이 시대를 사는 목자1』, 김수환 추기경 전집 편찬위원회, 124쪽 / 김수환 말씀·신치구 엮, 『참으로 사람답게 살기 위하여』, 도서출판 사람과 사람, 49-50쪽
20 김수환 추기경 전집16 『이 시대를 사는 목자2』, 김수환 추기경 전집 편찬위원회, 299-300쪽 / 김수환 추기경 전집6 『함께하는 삶』, 김수환 추기경 전집 편찬위원회, 84-85쪽 / 평화신문 김원철 엮, 『하늘나라에서 온 편지』, PBC평화방송·평화신문, 166쪽
21 김수환 추기경 전집15 『이 시대를 사는 목자1』, 김수환 추기경 전집 편찬위원회, 404쪽 / 김수환 말씀·신치구 엮, 『참으로 사람답게 살기 위하여』, 도서출판 사람과 사람, 224쪽 참조
22 김수환 추기경 전집6 『함께하는 삶』, 김수환 추기경 전집 편찬위원회, 85쪽
23 김수환 추기경 전집6 『함께하는 삶』, 김수환 추기경 전집 편찬위원회, 139쪽 / 평화신문 김원철 엮, 『하늘나라에서 온 편지』, PBC평화방송·평화신문, 59-61쪽
24 김수환 추기경 전집16 『이 시대를 사는 목자2』, 김수환 추기경 전집 편찬위원회, 126쪽
25 김수환 말씀·신치구 엮, 『참으로 사람답게 살기 위하여』, 도서출판 사람과 사람, 215쪽
26 평화신문 김원철 엮, 『하늘나라에서 온 편지』, PBC평화방송·평화신문, 80-81쪽
27 김수환 추기경 전집4 『인간의 근본 문제』, 김수환 추기경 전집 편찬위원회, 20-21쪽

4장_ 상처 입은 치유자

1 김수환 추기경 전집4 『인간의 근본 문제』, 김수환 추기경 전집 편찬위원회, 298쪽
2 김수환 추기경전집17 『말씀의 이삭』, 김수환 추기경 전집 편찬위원회, 255쪽
3 김수환 추기경 구술·평화신문 엮, 『추기경 김수환 이야기』, PBC평화방송·평화신문, 364-365쪽
4 김수환 추기경 구술·평화신문 엮, 『추기경 김수환 이야기』, PBC평화방송·평화신문, 227-228쪽
5 김수환 추기경 구술·평화신문 엮, 『추기경 김수환 이야기』, PBC평화방송·평화신문, 271-272쪽
6 김수환 추기경전집17 『말씀의 이삭』, 김수환 추기경 전집 편찬위원회, 526쪽
7 고수유, 『감사합니다 서로 사랑하십시오』, 마인드북스, 147-149쪽 참조
8 김수환 추기경 구술·평화신문 엮, 『추기경 김수환 이야기』, PBC평화방송·평화신문, 433-434쪽
9 김수환 추기경 구술·평화신문 엮, 『추기경 김수환 이야기』, PBC평화방송·평화신문, 354쪽
10 김수환 추기경전집17 『말씀의 이삭』, 김수환 추기경 전집 편찬위원회, 80-81쪽
11 편완식·정성수 기자, 2007년 10월 11일자 〈세계일보〉 참조 / 고수유, 『감사합니다 서로 사랑하십시오』, 마인드북스, 60-62쪽 참조
12 최정화, 『엔젤 아우라』, 중앙북스, 143-145쪽 참조
13 최성우 신부, 서울대교구 보도자료 참조
14 고수유, 『감사합니다 서로 사랑하십시오』, 마인드북스, 163-164쪽
15 김수환 추기경 구술·평화신문 엮, 『추기경 김수환 이야기』, PBC평화방송·평화신문, 457쪽

5장_ 내 기쁨을 그대와 나누고 싶습니다

1 김수환 추기경 전집15 『이 시대를 사는 목자1』, 김수환 추기경 전집 편찬위원회, 580쪽 / 김수환 말씀·신치구 엮, 『참으로 사람답게 살기 위하여』, 도

서출판 사람과 사람, 102쪽
2 김수환 추기경 전집11 『수도자의 길』, 김수환 추기경 전집 편찬위원회, 348쪽
3 김영애 엮, 『김수환 추기경의 고해』, 다할미디어, 46-49쪽
4 김수환 추기경 구술·평화신문 엮, 『추기경 김수환 이야기』, PBC평화방송·평화신문, 451-452쪽
5 김수환 추기경 전집13 『국가 권력과 교회』, 김수환 추기경 전집 편찬위원회, 184쪽
6 소련: 과거 소비에트 연방
7 김수환 추기경 전집5 『진리의 샘터』, 김수환 추기경 전집 편찬위원회, 136-137,139쪽
8 김수환 추기경 전집15 『이 시대를 사는 목자1』, 김수환 추기경 전집 편찬위원회, 569쪽
9 김수환 말씀·신치구 엮, 『참으로 사람답게 살기 위하여』, 도서출판 사람과 사람, 196쪽
10 김수환 추기경 전집16 『이 시대를 사는 목자2』, 김수환 추기경 전집 편찬위원회, 100쪽 참조
11 김수환 추기경전집17 『말씀의 이삭』, 김수환 추기경 전집 편찬위원회, 95,97쪽
12 PBC TV 영상기록 중에서
13 김수환 추기경 전집 15 『이 시대를 사는 목자1』, 김수환 추기경 전집 편찬위원회, 582쪽 / 김원철 기자, 2004년 4월 25일자 〈평화신문〉 참조
14 장혜민 엮, 『바보가 바보들에게-네 번째 이야기』, 산호와 진주, 72-77쪽
15 장혜민 엮, 『바보가 바보들에게-네 번째 이야기』, 산호와 진주, 72-77쪽
16 장혜민 엮, 『바보가 바보들에게-네 번째 이야기』, 산호와 진주, 72-77쪽
17 김영애 엮, 『김수환 추기경의 고해』, 다할미디어, 46-49쪽
18 김수환 추기경 전집6 『함께하는 삶』, 김수환 추기경 전집 편찬위원회, 395쪽
19 김수환 추기경 전집2 『하느님의 존재』, 김수환 추기경 전집 편찬위원회, 376쪽
20 김수환 추기경 전집6 『함께하는 삶』, 김수환 추기경 전집 편찬위원회, 357쪽
21 장혜민, 『바보가 바보들에게』, 산호와 진주, 71쪽 / 김수환 추기경 전집17 『영원으로의 초대』, 김수환 추기경 전집 편찬위원회, 508쪽 참조
22 김수환 추기경 전집17 『말씀의 이삭』, 김수환 추기경 전집 편찬위원회, 161-162쪽
23 이지연 기자, 2009년 4월 5일자 〈가톨릭신문〉 참조
24 김수환 말씀·신치구 엮, 『참으로 사람답게 살기 위하여』, 도서출판 사람과 사람, 146쪽
25 김수환 추기경 전집1 『목자의 소리』, 김수환 추기경 전집 편찬위원회, 360쪽
26 김수환 추기경 전집10 『사제의 길』, 김수환 추기경 전집 편찬위원회, 283쪽
27 김수환 추기경 전집4 『인간의 근본 문제』, 김수환 추기경 전집 편찬위원회, 101쪽
28 PBC TV 영상기록 중에서
29 김수환 말씀·신치구 엮, 『참으로 사람답게 살기 위하여』, 도서출판 사람과 사람, 65쪽
30 김수환 글·신치구 엮, 『너희와 모든 이를 위하여』, 도서출판 사람과 사람, 295쪽
31 김수환 추기경전집17 『말씀의 이삭』, 김수환 추기경 전집 편찬위원회, 491-492쪽

엮은이의 말

1 2009년 3월 8일자 〈가톨릭신문〉

러브레터

1 고은, 『만인보』, '김수환', 창비

사진제공
게티이미지: 표지
포토리아: 9쪽, 24쪽, 102쪽, 188쪽, 206쪽, 264쪽, 290쪽

김수환 추기경의 친전

초판 1쇄 인쇄 2012년 9월 21일
초판 11쇄 발행 2012년 11월 2일

엮은이 차동엽

펴낸이 백인순
펴낸곳 위즈앤비즈
주소 서울시 마포구 합정동 381-21 3층
전화 02-324-5677   **팩스** 02-334-5611
출판등록 2005년 4월 12일 제 313-2010-171호

ISBN 978-89-92825-68-9 13320

ⓒ차동엽, 2012
· 이 책 내용의 일부를 재사용하려면 반드시 저작권자와 위즈앤비즈 양측의 서면에 의한 동의를 받아야 합니다.
· 잘못 만들어진 책은 바꾸어 드립니다.